碳交易试点政策对中国制造业企业出口绿色技术含量的影响研究

周朝波　著

U0832786

中国财经出版传媒集团
中国财政经济出版社
·北京·

图书在版编目（CIP）数据

碳交易试点政策对中国制造业企业出口绿色技术含量的影响研究／周朝波著．-- 北京：中国财政经济出版社，2025.7. -- ISBN 978－7－5223－4036－4

Ⅰ. F426.4

中国国家版本馆 CIP 数据核字第 20258JF867 号

责任编辑：彭洋洋　　责任校对：胡永立

封面设计：卜建辰　　责任印制：张　健

碳交易试点政策对中国制造业企业出口绿色技术含量的影响研究

TANJIAOYI SHIDIAN ZHENGCE DUI ZHONGGUO ZHIZAOYE QIYE

CHUKOU LÜSE JISHU HANLIANG DE YINGXIANG YANJIU

中国财政经济出版社 出版

URL：http：//www.cfeph.cn

E－mail：cfeph@cfeph.cn

社址：北京市海淀区阜成路甲 28 号　邮政编码：100142

营销中心电话：010－88191522

天猫网店：中国财政经济出版社旗舰店

网址：https：//zgczjjcbs.tmall.com

涿州汇美亿浓印刷有限公司印刷　各地新华书店经销

成品尺寸：170mm×240mm　16 开　12.5 印张　173 000 字

2025 年 7 月第 1 版　2025 年 7 月河北第 1 次印刷

定价：68.00 元

ISBN 978－7－5223－4036－4

（图书出现印装问题，本社负责调换，电话：010－88190548）

本社图书质量投诉电话：010－88190744

打击盗版举报热线：010－88191661　QQ：2242791300

序　　言

1850年以来，人类通过燃烧化石燃料排放温室气体，造成了全球变暖问题，全球地表平均温度已上升约1℃，目前大气中二氧化碳的浓度处于至少200万年来的最高点。如果全球各国不能采取有效行动减少温室气体的大规模排放，则可能无法将全球地表升温限制在1.5℃或2℃以内，因此世界各国需要努力到21世纪中叶实现碳中和。碳排放权交易市场（以下简称“碳市场”）是一种市场化的节能减排、应对气候变化的政策工具，为了促进中国碳排放控制目标的落实，中国于2011年宣布在7个省市开展碳交易试点，为建立全国碳市场提供经验。同时，自改革开放以来，中国的出口贸易规模虽然经历了奇迹般的增长，但中国的出口额增长主要由出口产品数量驱动而不是出口产品质量驱动，中国外贸大而不强。此外，中国每年的二氧化碳排放中大约有12亿吨是由净出口造成的，相当于中国二氧化碳排放总量的22%。在中国经济正由高速增长阶段转向高质量发展阶段的背景下，中国需要通过低碳治理来改变其出口模式，提升企业的出口绿色技术含量，实现出口贸易的低碳发展，推动中国由贸易大国转向贸易强国。碳交易试点政策对减排存在积极作用，但不可避免地会影响企业在生产过程中的资源配置、技术创新和生产率，继而影响企业的发展。那么碳交易试点政策是否会对中国企业的出口绿色技术含量产生影响呢？其影响机理是什么？由于地区的差异性，中国各试点地区碳交易政策设计有所不同，其对上市企业出口绿色技术含量的影响也存在差异性。不同的上市企业，也存在较大的差异性，碳交易试点政策对不同企业出口绿色技术含量也会产生不同的影响。另外在数字经济时代，碳交易试点政策与命令控制型环境规制和数字化政策是否相互制约或是产生协同效应？对这些问题进行研究，可以为中国完善全国碳市场和其他发展中国家建立碳市场提供借鉴，在应对气候变化的同时提升出口绿色技术含量，促进全球贸易的可持续发展。

本书围绕“中国碳交易试点政策与出口绿色技术含量”这一主题，首先，在理论上厘清了碳交易试点政策影响企业出口绿色技术含量的作用机理，利用中国2003年至2016年上市企业的微观数据，通过双重差分模型，机器学习模型和一系列稳健性检验实证研究了碳交易试点政策对企业出口绿色技术含量的影响，接着采用中介效应模型检验了碳交易试点政策对出口绿色技术含量影响的作用渠道。其次，本书在双重差分模型的基础上构建了分试点地区分析模型和政策设计分析模型，实证检验了六个试点碳市场（广东和深圳合并为一个）和不同政策设计对于企业出口绿色技术含量的异质性影响。再次，本书在双重差分模型的基础上，利用交互项和分样本回归，实证检验了碳交易试点政策对处于不同外部环境和内部环境企业的异质性影响。最后，本书在连续双重差分模型的基础上构建协同效应模型，分别实证检验了环境目标政策、宽带中国政策和碳交易试点政策对企业出口绿色技术含量产生的协同效应。

本书通过研究得到以下主要结论：第一，碳交易试点政策整体上显著促进了中国上市企业出口绿色技术含量的提升，在作用渠道上，碳交易试点政策可以通过提升绿色技术创新水平和优化资源配置效率来提升企业的出口绿色技术含量。第二，与其他试点碳市场相比，北京碳市场对上市企业出口绿色技术含量的提升效果最好，其次是湖北碳市场。第三，碳市场的碳配额分配总量越多、CCER交易量越大、履约惩罚力度越松，越不利于企业出口绿色技术含量的提升，而采用混合分配方式和在分配碳配额时采用标杆法，则有利于上市企业出口绿色技术含量的提升。第四，上市企业所在地区的官员晋升压力程度越高、财政分权程度越高、市场化水平越高，碳交易试点政策越能有效促进上市企业出口绿色技术含量的提升；上市企业为国有企业、机构投资者持股比例越高、高管团队受教育水平越高、股权激励程度越大、社会责任感越强，碳交易试点政策越能有效提升上市企业的出口绿色技术含量。第五，碳交易试点政策可以与环境目标政策发生协同效应，显著促进上市企业出口绿色技术含量的提升。碳交易试点政策也可以与宽带中国政策发生协同效应，显著促进上市企业出口绿色技术含量的提升。

为了促进中国出口绿色技术含量的提升，本书从试点碳市场建设的优化完善、全国碳市场建设的优化完善和企业经营管理三个角度出发提出了政策建议。在优化试点碳市场的建设上，碳排放配额总量要适度从紧，配额发放方式应由免费分配向公开拍卖过渡，配额分配方法应该以标杆法为主，优化CCER抵消比例，重视企业履约管理。在优化全国碳市场建设上，建议建立健全碳市场法律法规体系，碳市场的温室气体覆盖范围和行业覆盖范围要逐步扩大，加强碳排放检测、报告和核查建设，加强人员能力建设以及碳市场顶层设计与其他政策的协同。在优化企业经营管理上，企业应转变经营理念，主动进行绿色创新，要提升高管团队受教育水平，建立合理有效的高管股权激励制度和发挥机构投资者对企业低碳发展的监督治理功能。

周朝波

2025年5月

目　录

第 *1* 章

绪　　论

1.1

选题背景与研究意义

1.1.1　研究背景

1.1.1.1　提升出口绿色技术含量可以推动中国由贸易大国转向贸易强国

自 20 世纪 70 年代末改革开放以来，中国实行渐进式的对外开放战略后，依靠低成本的劳动力优势，中国的出口贸易经历了奇迹般的增长，其出口额的年平均增长率已经达到了 10% 以上（康志勇等，2020）。2009 年中国的出口总额超越美国一跃成为世界第一出口大国。在贸易保护主义倾向抬头、贸易摩擦不断和新冠疫情的影响下，中国 2020 年出口总额仍然达到约 2.7 万亿美元。随着贸易规模的不断扩大和中国经济的快速发展，中国已经成为了贸易大国。然而，中国的出口贸易却存在大而不强的问题（王杰和刘斌，2016），这是因为中国的出口额增长主要由出口产品数量驱动而不是出口产品质量驱动，出口产品数量增长对出口增长的贡献约为 70%，而质量改善的贡献相对较小，仅占 19%（Shi，2011；Gao et al.，2014；Ge et al.，2020）。与此同时，巨大的出口增长加剧了环境污染。中国是世界上最大的碳排放国，其出口的快速增长是二氧化碳排放增加的主要原因之一（Zhang et al.，2014）。中国每年的二氧化碳排放中大约有 12 亿吨是由净出口造成的，相当于中国二氧化碳排放总量的 22%（Qi et al.，2014；Yuan et al.，2018）。因此，中国必须通过低碳治理来改变其出口模式，推动中国由贸易大国转向贸易强国。

2017 年，中国共产党第十九次全国代表大会第一次提出经济高质量发展，指出中国经济需要转变发展模式，要向绿色低碳发展的经济体系迈进。作为拉动中国经济发展的三驾马车之一，出口也需要从粗放型发展模式转向高质量发展。2019 年 11 月国务院出台了《关于推进贸易高质量发展的指导意见》（以下简称“《意见》”），《意见》指出要加快创新驱动，加紧培育新的贸易竞争优势，将中国企业的出口质量作为新贸易竞争优势的重要抓手，从而推进贸易高质量发展。而出口技术含量是衡量一国出口质量的重要指标，它决定了一个国家未来的国际战略竞争优势，它的提高有助于经济实现可持续发展（Hausmann et al.，2007）。《意见》同时也指出要发展绿色贸易，限制企业进出口高污染、高能耗的产品，鼓励企业采用国际先进环保标准，获得节能绿色低碳产品认证，进行绿色制造，从而实现出口贸易与环境的协调发展。这也意味着为了帮助中国在世界新的一轮贸易竞争中取得优势，有必要深入探究中国出口贸易的绿色技术优势。Li 和 Lu（2018）结合绿色发展背景，给出口技术含量赋予绿色内涵，提出了出口绿色技术含量这一概念。出口绿色技术含量能较好地体现出一个经济体在出口贸易上所获得的比较优势是否以消耗大量资源并造成环境污染为代价。随着能源短缺、环境污染和气候变化成为重大问题，并且在国际贸易保护主义和国际贸易摩擦乃至贸易战愈演愈烈的背景下，提高出口绿色技术含量是中国转变粗放型贸易增长方式，促进贸易绿色转型升级，建设外贸强国和实现经济高质量发展的重要路径（Zhou et al.，2023；Fu et al.，2023）。

1.1.1.2 碳市场促进中国“双碳”目标实现

世界各国在发展经济的同时，也向大气中排放了大量的二氧化碳，使全球地表平均温度已上升约 1℃，由此引发的气候变化问题已成为当今世界面临的重大挑战之一（Dubey et al.，2019）。《巴黎协定》提出全球各国急需采取有效行动去应对气候变化，控制温室气体的排放总量，努力控制住全球平均气温的上升幅度（Cui et al.，2019）。中国持续多年的经济高速发展很大程度上依赖于化石能源的巨量消耗，从而排放了大量的二氧化碳。在国际碳减排的总体趋势下，作为世界上最大的碳排放国，中国需要积极采取有力的碳减排行动。为减少二氧化碳排放，缓解气候变化，2015 年 11 月，中国在巴黎气候大会上向世界承诺，到 2030 年中国的碳排放强度比 2005 年下降 60% 至 65%。2020 年 9 月，习近平总书记也向世界承诺中国会争取使二氧化碳的排放量在 2030 年前达到峰值，在 2060 年前实现碳中和。2021 年国务院出台《中国应对气候变化的政策与行动》白皮书，该白皮书表明中国将积极参与全球气候治理，采用更为有效的实际行动去应对气候变化。

为控制温室气体的排放，世界各国政府实施了一系列的政策来实现目标。目前，全球普遍采用了三类环境规制机制来应对气候变化，包括强制型、市场型和自愿型环境规制。而其中碳市场被认为是最具成本效益和有效应对气候变化的政策手段（Harrison et al.，2008）。为了促进中国温室气体排放控制目标的落实，国家发展和改革委员会在 2011 年发布《关于开展碳排放权交易试点工作的通知》，批准北京、上海、天津、重庆、湖北、广东、深圳七个省（市）进行碳市场试点（以下简称“碳交易试点政策”）。2013 年 6 月深圳率先启动碳市场，随后其余 6 个碳市场也在一年内陆续启动。2017 年 12 月 19 日，国家发展和改革委员会印发了《全国碳排放权交易市场建设方案（发电行业）》，纳入了电力行业，但没有纳入其他高能耗行业。到 2021 年 7 月 16 日，全国碳市场正式启动上线交易。全国碳市场共覆盖电力行业的近 45 亿吨碳排放量，就覆盖的碳排放规模而言，全国碳市场已经成为全球最大的碳市场。值得注意的是，全国碳市场目前处于起步阶段，还存在一些问题，比如相关的政策法规不够健全，全国碳市场所覆盖的行业比较有限，市场环境尚未完全成熟。因此在这样的情况下，要充分发挥碳市场对于实现“双碳”目标的支撑作用，仍需不断探索，进一步优化完善全国碳市场（Peng et al.，2021；孙永平，2021；Zhou et al.，2022；Zhou et al.，2024a）。而全国碳市场的政策设计主要以 7 个试点碳市场的政策设计为参考。由于 7 个试点碳市场采用的交易政策以及方法各不相同，因此每个试点在减少二氧化碳排放量、降低碳强度等方面所取得的成效也有很大的差异。至今，中国碳交易试点政策已经运行多年，其对于试点地区的产业结构、能源结构以及节能减排的影响，自从政策启动以来就受到国内外的广泛关注。相关研究发现碳交易试点政策实施后，相比于非试点地区，试点地区的二氧化碳排放量得到了显著减少（Zhang et al.，2017；Hu et al.，2020）。由此可见，中国碳交易试点政策在减排效果方面取得了显著成效，但仍需从经济的角度来探讨碳交易试点政策的效果。中国碳交易试点政策属于市场激励型环境规制，而环境规制是否会提高出口技术含量已经受到了学者的广泛关注，所得结论也有所差别。碳交易试点政策对改善环境有积极作用，但不可避免地会影响企业在生产过程中的资源配置、技术创新和生产率，继而影响企业的发展（Albrizio et al.，2017）。那么碳交易试点政策是否会对中国企业的出口绿色技术含量产生影响呢？其中具有什么影响机理？由于地区的差异性，中国各试点碳市场的政策设计也有所不同，其对企业出口绿色技术含量的影响也存在差异性；另外，不同的企业所面临的内外部环境也存在较大的差异性，碳交易试点政策对不同企业出口绿色技术含量也会产生异质性影响。因此对这些问题进行研究，可以为中国完善全国碳市场和其他发展中国家建立碳市场提供借鉴，在应对气候变化的同时提升国家的出口技术含量，继而促进全球贸易的可持续发展。

1.1.1.3 环境规制协同治理是目前生态环境制度建设的薄弱环节

环境规制是政府应对气候变化和进行环境治理的重要手段，随着政策不断发展，环境规制工具日益丰富。自从1973年8月中国出台了第一部综合性环境资源标准《工业“三废”排放试行标准》以来，中国经过几十年的摸索实践，已经逐渐构建起了集命令型环境规制、市场型环境规制和自愿型环境规制的命令体系。这几种不同种类环境规制所产生的异质性会对企业的减排成本产生差异性影响。因此不考虑环境规制的异质性，不重视环境规制之间的协同问题，可能会导致政策间相互冲突、失灵和重叠，造成资源严重浪费，损害政府的公信力，削弱环境规制的实施效果（李小平等，2020；Zhou et al.，2024b）。环境治理涉及的领域较多，单一过量地强调使用任何一种环境规制都可能对经济的可持续发展和节能减排的有效性产生不利影响。但如果是协调使用多种环境规制，将各类环境规制进行组合，可以互相弥补不足，产生出协同效应来放大环境规制的减排效果（张国兴等，2015）。因此，对于环境规制的研究不仅应涉及环境规制本身所产生影响的强弱效果，还应该分析异质性环境规制之间产生的协同效果，对异质性环境规制进行合理搭配和运用，以期产生更优的政策效果。

长期以来，中国在应对气候变化和环境问题时主要依赖于命令型和市场型这两类环境规制。具备代表性的命令控制型环境规制是环境目标政策，它可以强制企业进行污染治理，将外部成本内部化，进而限制企业的污染排放。环境目标政策来源于2006年3月中国政府启动的第11个“五年计划”。该五年计划首次将化学需氧量、二氧化硫的排放总量以及能源强度作为环保指标纳入到地方官员的绩效考核中，之后的“十二五”和“十三五”规划期间，各个省份的控排目标也都得到了进一步的强化。代表性的市场激励型环境规制主要指碳交易试点政策。本研究将以环境目标政策和碳交易试点政策分别代表命令型环境规制和市场激励型环境规制，来研究它们对于企业出口绿色技术含量的协同效应。那么，环境目标政策和碳交易试点政策对于企业出口绿色技术含量的影响是否会相互干扰与冲突，影响各自政策的效果，从而抑制企业出口绿色技术含量的提升。或者是两类不同类型的环境规制会产生协同效应，发挥1+1大于2的协同效应，共同促进企业出口绿色技术含量的提升，这就需要进行深入仔细的研究。对两种不同类型环境规制的协同效应评估，可以为政府优化现有环境规制，将减排目标纳入经济发展规划，以及在全国范围内推广市场型环境规制提供依据。

1.1.1.4 数字化和绿色化协同发展进入关键攻坚期

数字化和绿色化协同发展是推动我国制造业加快发展方式绿色转型的关键力量。党的二十大报告提出“积极稳妥推进碳达峰碳中和”“加快发展方式绿色转型”以推动绿色发展。当前，数字技术正全面融入经济社会发展各领域、全过程，在赋能绿色化转型、助力实现碳达峰碳中和等方面发挥了重要支撑作用。制造业是我国立国之本、强国之基，也是能源消费和碳排放重点领域。加快推进制造业领域数字化和绿色化协同转型发展（以下简称“双化协同”）是实现制造业转型升级和高质量发展的内在要求。《“十四五”国家信息化规划》提出推动数字化绿色化协同发展，以数字化引领绿色化，以绿色化带动数字化。《数字中国建设整体布局规划》提出加快数字化绿色化协同转型。我国碳达峰碳中和“1+N”政策体系中明确提出推进制造业领域数字化、智能化、绿色化融合发展，推动互联网、大数据、人工智能、第五代移动通信（5G）等新兴数字技术赋能工业绿色低碳转型。如何推动制造业领域数字化绿色化协同发展成为广泛关注的问题。

推动制造业行业数字化绿色化协同发展，必须应对数字技术诱发的能源回弹效应，避免节能增效成效因能源回弹效应大打折扣。为此，数字技术诱发的能源回弹效应是否会增加企业污染排放量，从而影响企业的出口绿色技术含量水平，这需要进行仔细研究。数字技术支撑数字经济形成与数字技术直接相关的数字产业化和融入数据要素后的产业数字化新经济形态。数字技术渗透到各经济活动中增加行业的关联交互，行业内部不同的特征属性会影响其因数字技术导致的能源需求反馈。此外，外部数字技术发展政策和节能减排政策的叠加也会改变行业中企业的能源需求进而影响企业出口绿色技术含量。然而，影响数字技术诱发企业能源回弹效应进而影响企业出口绿色技术含量的关键内部因素和外部政策因素尚不确定，也未有针对性的优化政策。

在这种背景下，为有效发挥制造业行业数字化绿色化协同发展、助力制造业发展方式绿色转型，亟须解决以下核心科学问题：（1）数字技术政策是否会诱发能源回弹效应并进而影响企业出口绿色技术含量；（2）碳交易政策和数字技术政策如何协同作用企业出口绿色技术含量，如何设计针对性的应对政策以推动数字化绿色化协同发展。鉴于此，本研究面向新时代新发展格局下数字化绿色化协同发展、加快发展方式绿色转型的国家重大需求，采用计量经济模型，从理论和实证两个方面揭示数字技术政策和碳交易政策组合对企业出口绿色技术含量产生的协同作用政策效果，从而为有效促进制造业领域数字化绿色化协同发展提供理论基础和决策依据。

1.1.2 研究意义

本研究围绕“中国碳交易试点政策对企业出口绿色技术含量影响”这一主题进行研究，具有重要的理论意义和现实意义。

1.1.2.1 理论意义

第一，在研究对象上，现有研究大都基于中国省份层面或者行业层面去研究碳交易试点政策对出口的影响，而本研究使用上市工业企业层面的数据进行研究，为研究碳交易试点政策对出口绿色技术含量的影响提供了微观证据。从而更有利于深入地验证波特假说在新兴经济体和发展中国家是否成立，是否产生了新的作用机理，一定程度上弥补了实证领域的不足。

第二，在研究视角上，以往文献大都侧重省级或行业层面研究碳交易试点政策在创新、国际竞争力、出口技术复杂度等方面产生的影响，缺乏绿色内涵，而本研究深入到上市工业企业内部，揭示了碳交易试点政策对上市企业绿色贸易行为的影响。同时，本研究又基于协同视角研究碳交易试点政策与环境目标政策对出口绿色技术含量的影响，科学评估了这两类环境规制政策的协同情况，不仅论证了环境规制政策所产生的协同效果，也为政府完善和改革现有环境规制政策提供理论依据。

第三，在作用机理上，现有研究主要从企业内部视角出发研究环境规制对出口的影响机理，缺乏从外部视角出发的相关研究，而关于碳试点的经济效应研究，也缺乏对碳试点的政策设计研究。本研究首先在理论上从上市企业内部视角出发，厘清了碳交易试点政策可以通过作用于上市企业的绿色技术创新和资源配置效率这两条渠道来影响出口绿色技术含量。随后分析了不同碳市场所产生的异质性作用，并从碳试点的政策设计出发，研究了碳交易试点政策影响企业出口绿色技术含量的外部作用机理。同时，也比较分析了上市企业所处地区的官员晋升压力程度、财政分权程度、市场化水平和公司内部环境等方面的异质性影响，丰富了碳市场提高发展中国家国际竞争力的相关理论。

第四，在实证研究方法上，本项目尝试将较为前沿的机器学习方法应用于因果推断。本课题将利用轻量级梯度提升机算法（Light Gradient Boosting Machine，LightGBM）与 DID－倾向得分匹配法（Propensity Score Matching，PSM）相结合，科学评估碳交易政策对企业出口绿色技术含量的影响效应，并采用广义随机森林（Generalized Random Forest，GRF）模型中的因果森林分析碳交易政策产生的异质性效果，既有利于缓解内生性问题对研究结论造成的影响，又能够减少可能存在的主观干扰和局部性问题，确保结果的客观性和稳健性。目前国内研究中关于该方法的应用较少，特别是在环境经济学领域，因此本研究也是作为这一前沿方法在国内环境经济学领域因果识别方法应用中的有益探索。

1.1.2.2 现实意义

第一，促进我国建设成为外贸强国，实现经济高质量发展。我国正在积极参与全球气候治理，也实施了许多碳减排政策，但在实施碳交易试点政策上仍处于起步阶段，因此通过研究碳交易试点政策对企业出口绿色技术含量的影响，有助于中国更好平衡气候治理与出口贸易高质量发展的战略，建立健全相关环境政策的制定与优化，继而促进贸易绿色转型升级，由外贸大国建设成为外贸强国，实现经济的高质量发展。

第二，厘清碳交易试点政策影响上市企业出口绿色技术含量的路径，有助于实现对工业行业和上市企业的有效管理。本研究比较了不同试点碳市场和不同政策设计对上市企业出口绿色技术含量的影响，也比较了企业所处不同外部环境和内部环境下，碳交易试点政策带来的异质性影响。既可以帮助政府实施差异化的政策去管理企业，也可以帮助企业根据自身的公司治理结构和所处外部环境去整合生产资源要素，最大化提升出口绿色技术含量，增强企业的绿色竞争力。

第三，不同环境规制是否协同、对环境经济绩效产生何种影响，这关系到我国经济能否实现经济的可持续增长。本研究通过揭示不同类型环境规制对企业出口绿色技术含量的协同效应，以及厘清产生协同效应的内在逻辑，为政府优化大气污染和节能减排政策的设计与应用、构建有效的政策体系提供理论支持，从而提高政策的实施效果以及效率，弥补碳市场在市场失灵情况下的效率损失，带来更多社会福利。

第四，从出口绿色技术含量这一视角出发完善数字化与绿色化协同发展政策提出优化建议，为有效推进工业领域数字化绿色化协同发展、发展方式绿色转型提供重要的政策保障。数字技术对于制造业绿色转型及“双碳”目标的实现至关重要，但数字技术诱发的能源回弹效应不容忽视，它对于是否能有效推进数字化绿色化协同发展以及推动发展方式绿色转型具有十分重要的现实意义。为此，本研究对碳交易政策与数字技术政策二者的协同作用效果的结果分析，可以为有效发挥数字技术赋能制造业行业节能增效的积极作用，推进数字化绿色化协同发展、发展方式绿色转型提供政策保障。

1.2 文献综述

1.2.1 碳交易试点政策的相关研究

现有文献对于中国碳交易试点政策的研究基本分为三类：第一类是对于中国碳交易试点建设效率进行研究。主要是研究交易试点政策设计和运行过程中的关键问题，如碳价格、碳市场的稳定性、碳泄露、配额分配总量设定、配额分配方法、MRV等。第二类是对中国碳交易试点这种市场型政策在减少二氧化碳排放方面所取得的环境效益进行实证评估。第三类是研究中国碳交易试点政策所取得的经济效应，比如地区产业结构转型、行业国际竞争力、企业创新等。

1.2.1.1 试点碳市场建设效率研究

在试点碳市场建设效率的研究上，现有文献基于可计算的一般均衡（CGE）模型、数据包络分析法（DEA），分别从碳价格的稳定机制、碳交易量的规模、市场流动性、信息透明度、配额分配的合理性等方面进行了深入分析，从而探究提升碳市场效率的路径（林坦和宁俊飞，2011；Zhao et al.，2017；Fan et al.，2019）。例如，Zhao等（2016）对碳试点碳价格、交易量、市场流动性和信息透明度研究发现，尽管碳市场的系统设计已经取得了初步的结果，但其市场效率不令人满意。Wang 等（2018）将监测、报告和核查成本（MRV）、交易成本和市场结构纳入部分均衡模型，建立了一个包含 1 867 家中国工业企业的碳试点市场数据库进行案例研究发现，MRV 成本是影响试点碳市场效率的主要因素。Cai 和 Ye（2019）提出了一种更科学的配额分配方法，运用零和博弈—数据包络分析（ZSG - DEA）模型，将中国 2020 年的减排目标转化为省级目标，研究了中国在现有减排目标下如何分配碳配额可以使减排成本最低。

1.2.1.2 碳交易试点政策的环境效应研究

现有研究基于省级层面数据、城市层面数据、行业层面数据和企业层面数据，利用 CGE 模型、双重差分法或三重差分法，从二氧化碳排放量、能源强度、碳强度等角度出发，研究分析了碳交易试点政策带来的环境效应，大部分结论认为碳交易试点政策可以带来显著的正向的环境效应，即降低了二氧化碳排放量、能源强度和碳强度。同时目前大多数对于中国碳市场环境效应的研究所采用的方法主要局限于建立模型进行模拟分析，较少研究利用经验数据进行实证分析支持研究结论。汤铃和武佳倩（2014）通过自下而上的综合系统模型研究发现碳市场能够有效促进碳减排，但会对经济产生一定的冲击。Zhu 等（2015）基于 CGE 模型，通过对比没有碳市场的基准情景和有碳市场的政策情景下所产生的碳排放量，发现北京碳市场在 2013—2015 年累计的减排量共计 487 万吨。张成和史丹（2017）利用 CGE 模型模拟分析了中国实施全国性碳市场的潜在成效，结果显示全国碳市场可以降低中国近 20% 的碳强度。Liu 等（2018）基于 2005 年至 2010 年中国火电厂二氧化碳排放数据，采用无参数优化模型估算三种碳排放交易配额分配策略下的潜在经济效益和潜在碳减排量。Mu 等（2018）结合综合可再生能源和碳市场两个政策，使用动态的 CGE 模型，对中国如何实现国家自主减排目标进行了模拟，研究发现碳市场和可再生能源政策协同作用下的碳减排效果要优于实施单个政策所带来的碳减排效果。

在相关的实证研究方面，现有研究大都使用 DID 模型去探究碳交易试点政策带来的环境效应。Zhang 等（2017）基于中国省级面板数据和 DID 方法，实证研究了中国碳市场对试点地区碳排放量的影响，结果发现碳交易试点政策会显著降低碳排放量。沈洪涛等（2017）基于2012年至2015年上市企业面板数据，研究了碳交易试点政策对企业碳减排的影响路径，结果表明碳交易试点政策主要是通过企业减少产量来实现碳减排。Fang等（2018）采用DID和DEA的方法，分析碳市场是否能带来经济红利和环境红利，实证结果表明，短期内碳市场可以显著减少试点地区的碳排放量，但未能增加GDP；从长远来看，碳市场可以带来可持续的经济红利和环境红利，并实现波特效应。黄向岚和张训常（2018）也证实碳交易试点政策可以显著降低碳排放，带来正向的环境效应。Chen等（2021）将2013年的碳交易试点政策作为准自然实验，结合2000—2017年中国30个省（市）数据，探究了碳交易试点政策影响能源效率的具体机制。一系列稳健性测试的结果表明，碳交易试点政策可以通过促进企业创新来显著提高试点地区的单因素能源效率和全要素能源效率。Tang等（2021）利用PSM-DID方法对2010—2016年中国273个地级市的面板数据进行分析，结果表明碳交易试点政策显著降低了城市的碳强度，并且这种影响持续存在，随着时间的推移，这种效果在不断增强。Cui等（2021）利用中国企业层面的碳排放数据研究发现碳市场可以通过减少煤炭的使用量来有效减少企业的碳排放量。Zhou等（2024a）利用城市层面的数据自主构建碳解锁指标，并利用DID模型考察了中国碳市场对城市碳解锁的影响效应，结果发现中国碳市场可以促进城市碳解锁，而绿色消费、产业结构升级和绿色技术创新水平是其中的重要影响渠道。

1.2.1.3 碳交易试点政策的经济效应研究

现有研究也从竞争力、研发投入、创新、产业结构转型、绿色全要素生产率等角度出发，利用CGE模型、双重差分法（DID）或三重差分法（DDD）等对碳交易试点政策的经济效应进行了科学评估，大部分结论认为碳交易试点政策可以带来显著的正向的经济效应。任松彦和戴瀚程（2015）利用CGE模型对碳交易试点政策对广东省的经济影响进行了模拟评估，结果显示广东省建立碳市场能够在促进经济发展的同时减少二氧化碳排放，从而验证了“波特假说”。刘宇和温丹辉（2016）则依据天津碳市场试点的政策要素设置情景，模拟其对天津市的经济影响，结果发现天津市碳市场对天津市产生的负面经济影响有限。刘哗和张训常（2017）则在 DID 方法的基础上使用 DDD 方法实证研究了碳交易试点政策与企业研发投入的关系，结果表明碳交易试点政策可以激发企业进行创新的积极性，从而加大研发投入。谭静和张建华（2018）利用中国 30 个省级行政区域 2005 年至 2016 年的面板数据，采用合成控制法和中介效应模型实证研究了中国碳交易试点政策与产业结构转型升级之间的因果关系，结果表明碳交易试点政策可以倒逼试点地区的产业结构转型升级。Dong 等（2018）利用中国 2006 年至 2015 年的省级面板数据，结合双重差分法（DID）发现在短期内碳交易试点政策不能提高地区的 GDP，没有产生波特效应。王为东等（2018）基于中国 2004 年至 2016 年的地级市面板数据，采用合成控制法发现碳交易试点政策提高了试点地区的低碳创新水平。而 Wang 等（2019）基于合成控制法，利用中国 30 个省级行政区域 2000 年至 2016 年的面板数据，研究了碳交易试点政策与绿色全要素生产率之间的关系，研究结果表明二者之间存在一定程度的正相关关系，并且这种关系可以实现经济发展与环境保护的双赢，从而验证了“波特假说”的适用性。胡珺等（2020）利用双重差分方法（DID）和上市公司数据，对碳交易试点政策与企业创新的关系进行了研究，结果发现碳交易试点政策的实施显著提高了企业的技术创新水平，同时碳市场的流动性程度会产生显著的正向调节作用。Peng 等（2021）利用中国 30 个省 35 个工业行业数据，采用三重差分方法（DDD）分析了碳交易试点政策对工业竞争力的影响，结果发现碳交易试点政策实施后，工业行业的就业人数和资本回报率显著增加。在绿色技术创新方面，Chen 等（2021）和 Liu 等（2022）也分别基于企业和省（市）层面的数据研究发现碳交易试点政策可以显著提高绿色技术创新水平。虽然现有文献对碳交易试点政策的经济效应进行了大量研究，但并没有文献从出口绿色技术含量这一角度进行研究。

1.2.2 出口绿色技术含量的内涵与影响因素研究

1.2.2.1 出口绿色技术含量的内涵与测算方法

（1）出口绿色技术含量的内涵。现有文献对出口绿色技术含量的关注和研究不多，为了便于理解，本研究接下来将通过出口技术含量来介绍出口绿色技术含量的内涵。在一部分文献中，出口技术含量也被视为出口技术复杂度，这个概念首先由 Michaely（1984）提出，后面经过衍生发展，一般是指出口商品中包含的技术要素，出口技术含量高就意味着该出口商品中包含的技术要素多，也表明该国出口商品的档次就高（姚洋和张晔，2008；李长青等，2015；倪红福等，2017）。对于出口技术含量的理解也分微观、中观和宏观层面，与之相对应的则是产品、行业和国家层面。产品的出口技术含量是指某件产品中所包含的技术要素状况，行业的出口技术含量是指某个行业内所有产品技术含量的加总。国家的出口技术含量是指整个国家所有出口产品技术含量的加总。改革开放以来，中国出口贸易出现了爆发式增长，且这种增长主要体现在出口数量的增长（陈勇兵等，2012）。相比于出口数量，出口质量更能真实反映一国出口品的内涵，而出口品技术含量则是出口质量中最核心的内容（陈晓华，2011）。李长青等（2015）、Li 和 Lu（2018）在出口技术含量的概念基础上，给其赋予了绿色内涵，提出了出口绿色技术含量这一概念，它可以体现产品的绿色技术含量，对于一国或一个地区而言，出口绿色技术含量能体现其在出口贸易上所获得的比较优势是依赖于资源消耗型还是绿色技术附加型。

（2）出口绿色技术含量的测算方法。本研究首先介绍出口技术含量的测算方法，再基于这些方法介绍出口绿色技术含量的测算方法。现有文献中关于出口技术含量的测算方法主要包括三类，分别是贸易品分类法、出口相似指标法和技术附加值法。李长青等（2015）、Li 和 Lu（2018）在这些方法的基础上自主构建了企业层面的出口绿色技术含量的测算模型，这也是本研究用于测算被解释变量的基础模型。接下来本研究将对这几类方法进行介绍。

第一，贸易品分类法。根据产品的要素密集度来对产品进行分类。Pavitt（1984）首先依据贸易品分类法将出口产品按要素密集度进行分类，分别是劳动密集型产品、资源密集型产品、规模密集型产品、差异化型产品和科技型产品。Lall（2000）在 Pavitt（1984）提出的分类方法基础上进行了优化，分别是资源型产品、初级产品、技术类产品。Worz

(2005) 根据产品技术密集程度将产品分为低技术型产品、中技术型产品和高技术型产品。国内学者也使用类似的贸易品分类方法对产品进行了分类（张小蒂和李晓钟，2002；江小涓，2007）。需要注意的是，贸易品分类法相当于是一种静态的分类方法，它不能准确反映出产品技术含量的动态变迁。

第二，出口相似指标法。最早由 Finger 和 Kreinin（1979）提出，主要是通过比较研究对象和先进国家的出口结构相似程度来表示出口技术含量。两国出口结构的相似程度越高，则认为研究对象的出口技术含量越高。该指标在提出后就被许多学者进行了修订。Lall 等（2006）以国家的出口结构为基础构建了出口结构相似度指标。杨汝仿和姚洋（2006）以研究对象向先进国家在出口结构上的追赶程度来表示出口技术含量。Schott (2008) 以国际市场占有率为基础进行修正，以此提出出口相似度指标。需要注意的是，出口相似指标法只能衡量研究对象与先进国之间在出口技术含量上的差距。

第三，技术附加值法。主要是指技术对产品附加值的贡献程度。Michaely（1984）最早使用该方法来分析一国出口的专业化程度，它为该产品出口国的人均 GDP 根据其出口额占世界出口总额的份额的加权平均确定。关志雄（2002）在 Michaely（1984）的基础上，以出口国某个产品的出口额与世界总出口额之比与出口国人均 GDP 之积表示出口技术含量。Rodrik（2006）和 Hausmann 等（2007）将权重改为显示比较优势指数。樊纲等（2006）在关志雄（2002）的理论基础上提出了显示性技术附加值方法，它的具体计算方法为：对某一特定产品，选取所有显示性技术附加值大于零的国家，用这些国家人均 GDP 的加权值来表示该产品的出口技术含量。杜修立和王维国（2007）用生产该类产品的各国人均收入水平以各国该产品占世界总产量份额为权重的加权和来表示技术附加值。倪红福 (2017) 则认为技术附加值法存在一定程度的缺陷，一是不同国家的同类产品生产具有一样的出口技术复杂度，这与现实的生产技术分布不相符；二是会被各国人均收入分布等非技术因素影响。

现有文献对于中国出口技术含量的测算具有重要价值，但大都是从宏观层面出发，把出口商品作为整体进行研究，这种基于总量的研究方法具有一定的局限性，即汇总偏误（李长青等，2015）。戴翔和张二震（2011）认为应该从企业层面出发去衡量出口技术含量。李长青等（2015）、Li 和 Lu（2018）则利用企业层面的出口额数据构建了出口绿色技术含量指标，它由三部分指标构成，分别为产品的显性比较优势、产品的技术含量和企业所处行业的绿色系数。产品的显示性比较优势主要通过基于企业出口额进行测算得到，产品的技术含量则以企业的全要素生产率来进行衡量，企业的绿色系数主要是指企业所处行业排放污染物的程度，三者相乘得到的指数便是出口绿色技术含量。李锴等（2019）利用出口显示性比较指数结合碳生产率构建了省份层面的出口低碳技术含量，并利用中国省份层面的面板数据，实证分析了气候政策对于中国出口低碳技术含量的异质性影响。Ge 等（2020）基于 Li 和 Lu（2018）提出的出口绿色技术含量概念和测算方法，利用中国工业企业数据，实证分析了环境规制对于企业出口绿色技术含量的影响。

1.2.2.2 出口绿色技术含量的影响因素

现有文献缺少对出口绿色技术含量的研究，因此本研究讨论出口技术含量影响因素的相关研究。国内外学者从多个角度去研究了影响中国出口技术含量提升的重要因素。部分国内外研究认为，影响中国出口技术含量的提升主要来源于外部因素，比如加工贸易、进口贸易、外商直接投资和双边贸易成本（Amiti et al.，2008；Xu et al.，2009；高敬峰，2013；郑玉和郑江淮，2020；沈国兵和黄铄珺，2020）。而大部分国内文献则认为一些内部因素会影响中国出口技术含量，如基础设施建设、金融发展程度、中国企业对外直接投资、嵌入全球价值链分工程度、垂直专业化分工、技术市场发展程度以及制度环境等（王永进等，2010；齐俊妍等，2011；于津平和邓娟，2014；刘维林等，2014；戴翔和金培，2014；毛海欧和刘海云，2018；戴魁早，2018；沈国兵和黄铄珺，2019；陈波和杨庆，2020）。随后，贸易自由化和贸易壁垒又成为影响中国出口技术含量的研究热点。殷宝庆等（2016）利用省份层面数据发现贸易自由化会提升中国中西部地区的出口技术含量。而陈维涛等（2017）利用企业层面数据发现贸易自由化显著提高中国高技术行业的出口技术含量。杨连星等（2017）、盛斌和毛其淋（2017）均研究发现贸易壁垒会对中国行业和产品层面的出口技术含量产生负面影响。考虑到绿色发展背景，环境规制对出口技术含量的影响也得到了学者的关注。葛涛等（2018）、Ge 等（2020）自主构建了环境规制指数，实证分析了环境规制对出口绿色技术含量的影响，结果表明环境规制会对企业出口绿色技术含量产生显著的正向作用。Fu 和 Zhou（2023）利用地级市层面的出口和污染数据，构建了城市层面的出口绿色技术含量指标，并分析了数字金融对其的影响效应，结果发现数字金融有效促进了城市的出口绿色技术含量水平提升。Zhou 等（2023）以中国实施绿色金融管制政策为切入点，实证检验了绿色信贷指引对企业出口绿色技术含量的影响，结果发现绿色信贷政策可以通过资金约束倒逼企业绿色转型，从而增加企业的出口绿色技术含量。

1.2.3 碳交易试点政策对出口绿色技术含量影响的相关研究

从现有文献中不难看出，尚未有学者从出口技术含量的角度探究碳交易试点政策的实施效果，与之相关的是基于“污染天堂假说”和“波特假说”讨论环境规制对贸易出口的影响，主要得到以下三种结论：一是不利论，即严格的环境规制会给企业带来治污成本，降低其出口竞争力。利用日本 1989 年至 2003 年 41 个产业的数据，Cole 等（2010）研究发现环境规制抑制了产业出口竞争力。通过投入产出模型模拟，董敏杰等（2011）发现环境规制确实会抑制中国制造业的出口竞争力。基于美国企业层面的微观数据，Geeenstone 等（2012）研究发现环境规制显著抑制了出口企业竞争力的提升；Du 和 Li（2020）基于中国工业企业数据，通过 Heckman 模型发现严格的环境规制对出口贸易有负面影响。

二是有利论，即灵活的环境规制会促进企业加大研发投入去进行技术创新活动，技术创新水平的提升将降低产品的生产成本，继而有利于出口（Porter et al.，1995）。张三峰和卜茂亮（2011）则发现，环境规制将倒逼企业提高生产率，从而给中国制造业的国际竞争力带来“波特效应”。Millimet 和 Roy（2016）实证研究了环境效率与出口贸易之间的关系，发现适当的环境规制是工业获取出口竞争优势的重要来源。卜茂亮等（2017）基于中国分省分行业的出口数据，实证研究发现环境规制可以为制造业带来规模效应，显著增加行业的出口额。Qi 和 Cheng（2022）研究了中国排污权交易市场对上市企业出口产品质量的影响，发现排污权交易市场提升了企业的出口产品质量。

三是考虑“成本抵消效应”和“创新补偿效应”对贸易出口的综合作用，即环境规制可以为企业出口带来积极影响的前提是其给企业带来的创新补偿效应大于企业的遵循成本。余娟娟（2015）实证研究了环境规制对中国 27 个工业行业出口技术含量的影响，结果发现在“成本抵消效应”和“创新补偿效应”的共同作用下，环境规制强度与出口技术含量之间表现出先负向抑制、后正向促进的 U 形特征。肖晓军和陈志鹏（2019）通过面板门槛模型发现过度的环境规制会抑制出口技术含量，适度的环境规制才会提高出口技术含量。目前，考虑碳交易与企业出口绿色技术含量的影响研究较少，只有 Zhou 等（2023a）把碳市场与企业出口绿色技术含量纳入了统一分析框架，并初步检验了绿色技术创新在其中发挥的中介效应。

1.2.4　碳交易试点政策与环境目标政策对出口绿色技术含量影响的协同效应研究

1.2.4.1　环境政策协同效应研究

纵观现有文献，目前缺乏对于环境目标政策和碳交易试点政策所产生的协同效应研究。大多研究将命令控制型环境规制和市场激励型环境规制进行对比从而分析各自的实施效果，大部分的结论认为市场激励型环境规制的实施效果优于命令控制型环境规制，也有少部分文献得到相反结论。比如王班班和齐绍洲（2016）实证分析了市场激励型环境规制和命令控制型环境规制对于中国工业行业技术创新的影响，结果发现对于钢铁、有色金属等产能过剩行业，市场激励型环境规制更能提升它们的技术创新水平。刘海英等（2017）通过环境生产函数模型模拟发现，碳交易政策比命令控制型环境规制更能够提高经济系统总的产出，降低系统的碳排放总量。曹翔和傅京燕（2017）通过博弈模型从理论上证明了碳交易政策比碳税政策更有利于保护本国企业的市场竞争力。李锴等（2019）基于中国省区面板数据，实证研究了气候政策是否促进出口低碳升级，结果发现环境目标政策在提升中国出口低碳技术含量上要优于碳市场。

现有文献也基于模拟或计量的方法分析了同类型环境政策之间的协同效应，但相关研究不多。莫建雷等（2018）根据能源环境经济系统模型，研究了中国通过组合碳定价政策和非化石能源补贴政策去实现气候政策目标的可行性，研究发现50元每吨的二氧化碳价格和30%非化石能源补贴政策组合可实现能源和气候政策目标。刘海英和王钰（2019）利用DEA法模拟了用能权政策与碳排放权政策组合产生的协同效应，研究发现二者组合使用时可以最大化提高中国的产出增量、节能量、二氧化碳减排量和绿色全要素生产率。李锴和齐绍洲（2020）利用中国省区层面的面板数据实证检验了不同气候政策对省区工业低碳升级的影响，结果发现不同的气候政策之间不存在协同效应，中国气候政策的制定主体存在单打独斗的情况，政策之间可能存在相互掣肘。那么，在提升中国出口绿色技术含量方面，环境目标政策和碳交易试点政策的实施效果是单打独斗、相互掣肘，还是协同作用并进一步发挥出1+1大于2的效果，这值得进行实证研究。

1.2.4.2 碳交易与宽带中国政策的协同效应研究

宽带中国政策作为国家战略层面的数字经济发展政策，其发展状况关系到社会经济、社会稳定、社会生产和人民生活的各个方面。宽带中国政策的进一步完善对整个社会生活能否更进一步发展起到了十分关键的作用。因此，自20世纪以来为适应信息网络的迅速发展，国内外学者就宽带网络展开了大量研究，并逐步形成了完整的研究体系。

Cernich等（2011）对宽带普及率的经济效应和网络效应做出分析，结果显示宽带普及率每提高10%，人均经济增长率将提高0.9%至1.5%，并且当宽带渗透率达到10%后将产生网络效应并带来更大的经济增长。Pisano等（2015）指出宽带网络不仅是促进社会进步的有效资源，助力数字化生产，还能加快信息传播速度，精准匹配供需双方的要求，实现个性化服务等。Walter等（2023）研究发现宽带速率与渗透率的交互项对经济增长产生显著促进作用。黄群慧等（2019）研究表明宽带互联网技术能通过降低交易成本、缓解资源错配和促进创新，推动制造业升级从而推动经济整体增长。赵涛等（2020）使用宽带中国政策对数字经济发展水平与城市高质量发展间的关系进行分析，研究表明城市数字经济发展水平能直接促进城市高质量发展。曹跃群等（2021）估算了我国各省不同类型网络基础设施存量对区域经济高质量增长的影响，得出整体网络基础设施对经济增长的促进作用显著为正，不同类型的基础设施对经济增长产生了差异化影响。邢小明和郭晓斌（2021）考察网络基础建设是否能推动城市产业结构升级，发现促进作用十分显著。宽带网络不仅对宏观经济的运行产生影响，还能继续向下传播，影响与之有关的企业。李坤望等（2015）使用中国企业出口数据，证实了信息化已经成为贸易比较优势的新来源，地区信息基础设施水平的提升、企业信息密集度的提高都能增加企业的出口倾向和促进企业出口绩效的提升。郭凯明等（2020）表明，相较于传统基础设施而言，信息网络、人工智能等新型信息基础设施投资能促进资本对劳动力的替代，大幅度提高企业的边际产出。目前，并没有文献研究宽带中国政策对企业出口绿色技术含量的影响效应。

随着数字化与绿色化的协同发展不断推进，学者们开始把研究视野扩展到绿色政策与数字政策的协同作用中。吴非（2025）利用宽带中国政策、气候适应性政策和上市企业数据，实证检验了“数字化—绿色化”政策协同对企业新质生产力的影响。结果发现单一政策在赋能企业新质生产力上有边界约束，而两类政策协同则能对企业新质生产力起到显著驱动作用。但现有文献没有把数字经济政策、碳交易政策和企业出口绿色技术含量纳入到统一的分析框架中，宽带中国政策是否会和碳交易政策协同作用企业出口绿色技术含量还有待研究。

1.2.5　机器学习因果识别研究

传统计量模型往往通过在潜在结果回归模型中引入所关注变量与处理

变量的交互项来研究异质性。由于该方法易于理解和运用，因此，其应用范围十分广泛，但是相关领域的学者对其能否正确估计异质性仍持怀疑态度（Hainmueller et al.，2019）。能够带来异质性的因素有很多，将所有混淆变量的交互项都引入回归方程是不现实的，从而导致需要预先指定交互项，因此一旦错误指定了交互项则无法得出正确的推论。为解决上述问题，学者开始引入倾向得分方法，用一维的倾向得分变量替代多维的混淆变量，通过“降维”的方式可以将处理效应异质性问题转化为处理效应与个体倾向值之间的关系，克服了上述传统计量模型的局限性（Xie et al.，2012）。但这一方法也有一定的弊端，虽然“降维”处理的方式简化了计算和分析，但是将所有混淆变量汇总成一个倾向得分变量的做法也导致无法分辨究竟是哪个混淆变量对处理效应异质性起到了决定性作用。

近年来，机器学习与经济学研究、因果推断融合为一个新兴研究方向，引起了广泛关注，学者们在探究估计参数统计性质的基础上，更加注重用机器学习的方法估计处理效应和进行因果推断。Athey 和 Imbens（2016）结合决策树模型和 Honest 方法，将机器学习用于估计处理效应，并构建了估计参数的置信区间。Wager 和 Athey（2018）进一步将随机森林模型应用到估计处理效应，并讨论了估计量的一致性和渐进正态性，即因果森林（Causal Forests）。Athey 等（2019）进一步将因果森林发展为广义随机森林（Generalized Random Forest，GRF），并举例如何将该模型应用于分位数回归森林、工具变量回归等，还提供了相应 R 语言和 C 语言的“grf”命令包。计量经济方法主要通过交互项来讨论处理效应的异质性，机器学习在使用协变量进行空间划分时通过算法捕捉处理效应的异质性。由于机器学习在因果推断方面的独特优势，学者们开始尝试将广义随机森林、因果森林等机器学习方法应用于政策评估和量化分析。

在具体实证研究中，Davis 和 Heller（2017）最先尝试使用因果森林模型来评估美国暑假工项目对犯罪率和雇佣率的影响。此后，一些学者结合因果森林的发展对该问题进行了更深入的讨论。Knittel 和 Stolper（2021）在使用双重差分法（DID）的基础上，进一步使用因果森林模型来估计美国家庭能源报告项目对能源使用的异质性影响。Gulyas 和 Pytka（2021）

将广义随机森林模型和双重差分法（DID）模型相结合，评估失业给工人收入带来的损失。就国内而言，黄乃静和于明哲（2018）等研究对机器学习在经济学中的应用进行了综述性介绍。刘生龙等（2021）基于面板数据，采用广义随机森林模型探讨互联网使用对农村居民收入的异质性影响。唐礼智等（2022）基于中国上市企业的绿色专利数据，使用双重差分法（DID）和机器学习方法估计了“大气十条”政策对企业绿色创新水平的影响。除此以外，国内目前直接使用机器学习方法来估计处理效应、进行因果推断的研究还比较匮乏。

1.2.6 文献评述

现有文献从环境效应、经济效应和建设效率等多维度上对碳试点进行了理论和实证分析，也对中国出口绿色技术含量的定义和影响因素进行了深入讨论，并得到了大量有价值有意义的结论。但现有文献缺乏对碳交易试点政策与出口绿色技术含量的直接研究，并且相关研究仍存在一些不足：

第一，忽视对不同试点碳市场和不同政策设计的分析。目前，对于中国碳交易试点政策的影响效果研究局限在整体层面，没有分析不同碳市场的异质性影响效果，对不同的政策设计也没有进行深入分析，这可能不利于为全国碳市场的优化建设提供更具指导性的建议。

第二，忽视中国出口技术含量的绿色内涵。现有研究重点关注中国出口技术含量的定义、测算以及影响因素，却忽视了中国出口的绿色内涵，对于如何提升中国出口绿色技术含量的路径关注不够，也缺乏相应的机理分析，这与中国由贸易大国转向贸易强国的战略不符。

第三，缺乏对于不同环境规制之间产生的协同效应研究。现有文献中大多研究只是单一分析某一项环境规制的运行效果，或者将两类环境规制一起作为对比来分析其中一项政策的效果优劣，而环境政策协同治理是目前生态环境制度建设的薄弱环节，缺乏协同效应分析不利于生态环境制度的建设。此外，关于环境政策与数字政策之间的协同研究也较少，不利于数字化与绿色化发展协同推进。

1.3 研究思路与方法

1.3.1 研究思路

本研究基于中国上市企业数据考察碳交易试点政策对于出口绿色技术含量的影响及作用机理，主要实现以下目标：

第一，理论层面，基于现有文献和经济学理论，分析碳交易试点政策影响出口绿色技术含量的作用机理。

第二，实证层面，首先基于双重差分法（DID）和中介效应模型实证研究了碳交易试点政策是否促进了上市企业出口绿色技术含量以及其作用渠道；其次利用分试点地区模型和政策设计模型分析不同试点碳市场和不同政策设计对上市企业出口绿色技术含量的异质性影响；再次利用交互项模型实证分析比较不同外部环境、所有制、公司治理结构等多方面的异质性；最后通过协同效应模型分析碳交易试点分别和环境目标政策与宽带中国政策结合，是否会为上市企业出口绿色技术含量带来协同效应。

第三，政策层面，根据实证结果，从提升中国上市企业出口绿色技术含量、促进中国由贸易大国转向贸易强国、中国经济高质量发展的角度出发，为全国碳市场的优化完善提供针对性的政策建议。

1.3.2 研究内容及框架

本研究拟探讨碳交易试点政策对中国企业出口绿色技术含量的影响及作用机理研究。本研究共分为 8 个部分，具体研究内容为：

第 1 章为绪论。本章主要介绍研究碳交易试点政策和出口绿色技术含量的相关背景和意义，基于现有文献综述总结出本研究的研究目标，再提出本研究的研究思路、研究方法以及创新点与不足。

第 2 章为碳交易试点政策影响出口绿色技术含量的理论基础。本章主要介绍碳市场相关理论、碳交易试点政策影响出口绿色技术含量的相关理论和相应模型，随后基于相关理论和文献提出本研究的影响机理。

第 3 章为碳交易试点政策与出口绿色技术含量的现状特征。本章主要是对中国碳交易试点政策的现状和出口绿色技术含量的现状进行分析，再对二者的关联性进行对比描述。

第 4 章为碳交易试点政策对出口绿色技术含量影响的实证分析。本章主要构建用于检验碳交易试点政策与出口绿色技术含量二者关系的双重差分模型，并基于上市企业数据进行计量回归，分析碳交易试点政策对出口绿色技术含量的影响，随后利用平行趋势检验、三重差分检验、倾向得分匹配法和工具变量法等方法进行一系列的稳健性检验，以保证结果的稳健性。再通过中介效应模型实证检验碳交易试点政策对出口绿色技术含量的影响渠道。

第 5 章为不同试点碳市场和政策设计对出口绿色技术含量影响的实证分析。本章主要构建分试点地区模型和政策设计模型，实证检验不同试点碳市场和政策设计对上市企业出口绿色技术含量的异质性影响，从而为全国碳市场的优化提供更具针对性的意见。

第 6 章为碳交易试点政策对异质性企业出口绿色技术含量影响的实证分析。本章主要通过分样本回归和三重差分模型，对企业所处的外部环境（财政分权程度、官员晋升压力程度、市场化水平）与内部环境（产权性质、高管受教育水平、高管股权激励程度、机构投资者持股比例、社会责任感）的异质性进行实证检验，有助于对上市企业进行管理。

第 7 章为碳交易试点与环境目标、宽带中国政策政策对出口绿色技术含量影响的协同效应分析。本章首先基于连续双重差分模型实证检验环境目标政策与企业出口绿色技术含量之间的关系，再利用双重差分模型检验宽带中国政策与企业出口绿色技术含量之间的关系，最后再构建协同效应模型实证检验碳交易试点政策与环境目标政策所产生的协同效应，以及碳交易试点政策与宽带中国政策所产生的协同效应。

第 8 章为结论与政策建议。对本研究的主要研究结果进行总结，并从提升中国出口绿色技术含量角度出发，提出优化完善试点碳市场、全国碳市场和提升上市企业经营管理水平的政策建议。

本研究的研究框架如图 1－1 所示。

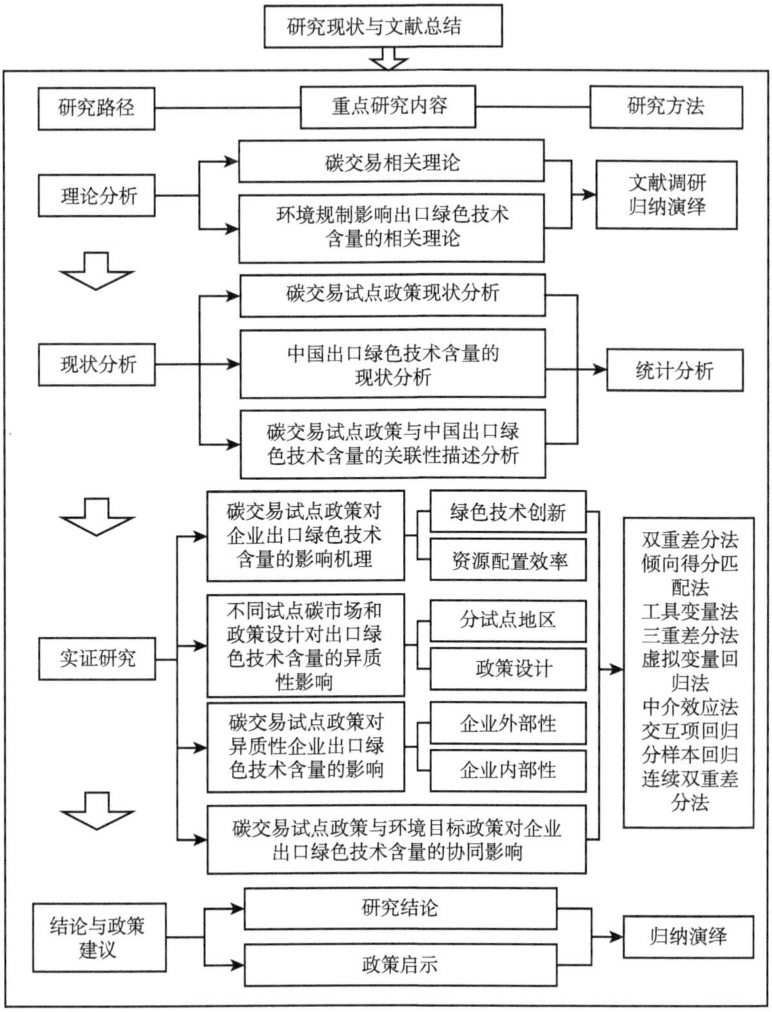

图 1－1　研究框架

1.3.3　研究方法

为了更好地识别出碳交易试点政策与上市企业出口绿色技术含量之间的因果效应，本研究在定性与定量结合的基础上确定以下研究方法。

1.3.3.1 文献调研法

本研究首先对大量有关碳交易试点政策和出口绿色技术含量的研究进行了梳理，了解当前的研究现状和需要解决的现实问题，从而找到合适的切入点。随后基于外部性理论、科斯定理、波特理论、污染避难所假说和资本要素禀赋占优假说等经济学理论，结合大量现有经典文献归纳出碳交易试点政策对上市企业出口绿色技术含量的影响机理，在此基础上讨论试点碳市场和政策设计的异质性、上市企业内外部环境的异质性以及与环境目标政策所产生的协同效应。

1.3.3.2 实证研究法

1. 采用双重差分法，以出口绿色技术含量为被解释变量，以碳交易试点政策为解释变量，以其他影响出口绿色技术含量的因素为控制变量，进行实证回归分析，以检验碳交易试点政策对出口绿色技术含量的影响。

2. 采用虚拟变量回归和双向固定效应模型，以试点碳市场的不同政策设计要素为哑变量，实证检验不同试点碳市场和政策设计对出口绿色技术含量的异质性影响。

3. 采用中介效应模型，以绿色技术创新和资源配置效率为中介变量，实证检验碳交易试点政策对出口绿色技术含量的影响机理。

4. 采用分样本回归方法和三重差分方法，从企业外部环境和企业内部环境出发，分析企业所处地区的官员晋升压力程度、财政分权程度、市场化水平、企业所有制、企业机构投资者持股比例、企业高管教育背景、企业股权激励程度、企业社会责任等所产生的异质性作用。

5. 采用连续双重差分模型和交互项回归模型构建协同效应模型，分别实证检验碳交易试点政策与环境目标政策对企业出口绿色技术含量所产生的协同影响，以及碳交易试点政策与宽带中国政策对企业出口绿色技术含量所产生的协同影响。

1.3.3.3 机器学习法

选取基于 LightGBM 模型的 PSM－DID 模型评估碳交易政策对企业出口

绿色技术含量的因果效应。与以往使用 Logit 模型计算倾向得分的研究不同，本研究使用 LightGBM 模型来计算倾向得分。与二进制 Logit 模型相比，LightGBM 对二进制分类任务具有更高的准确性，并且计算的倾向得分更可靠。此外，使用 GRF 模型进行碳交易政策影响企业出口绿色技术含量的异质性分析。现有关于碳交易试点政策的异质性影响分析中大都使用分组回归或添加交互项的方法，然而变量选择和交互项设置方面较为主观。与传统的计量经济模型相比，GRF 模型中的因果森林可以处理更高维度的数据，在异质性分析方面具有独特优势。目前，国内关于机器学习应用在因果推断中的研究较少，因此本研究也可作为这一前沿方法在国内经济学领域因果识别方法应用中的有益探索。

1.4 创新与不足

1.4.1 创新点

本研究的创新点主要体现在以下方面：

第一，探索性地研究了碳交易试点政策对中国上市企业出口绿色技术含量的影响。已有文献大都侧重于研究出口技术含量的测算方法和重要影响因素，却忽视了出口技术含量的绿色内涵，对提升中国出口绿色技术含量的路径关注不够。而本研究深入探讨了碳交易试点政策对出口绿色技术含量的作用机理，为碳交易试点政策促进出口绿色技术含量的提升提供了直接的经验证据，在一定程度上验证了波特理论，弥补了现有理论和实证领域的不足。

第二，深入分析了各个试点碳市场和不同政策设计特征对上市企业出口绿色技术含量的不同影响。现有文献重点利用双重差分法评估碳交易试点政策的总体影响，并没有深入分析不同碳试点政策制度设计的异质性，由于不同的制度设计会对政策的运行效果产生异质性影响，因此本研究可以丰富关于碳市场的相关研究，并可为全国碳市场的设计提供针对性的参考。

第三，深入分析了上市企业外部环境和内部环境的异质性。本研究从企业所处地区的官员晋升压力程度、财政分权程度、市场化水平、企业所有制、机构投资者持股比例、高管教育背景、股权激励程度和企业社会责任等方面出发，深入探究了碳交易试点政策在提升出口绿色技术含量上所产生的异质性作用，研究内容相比之前文献更加全面，同时有助于对工业企业实施更为有效的管理，更具针对性地提升工业企业的竞争力。

第四，深入分析了不同环境规制对上市企业出口绿色技术含量所产生的协同效应。现有文献中重点研究某一项环境规制的运行效果，缺乏对环境政策之间协同效应的研究，也缺乏对环境政策与数字经济政策之间协同效应的分析。在当前政府积极推进数字化与绿色化发展的背景下，本研究可以为优化大气污染与节能减排协同治理政策措施的设计与应用、促进数字化和绿色化协调发展和构建有效的政策体系提供理论支持。

1.4.2　不足

本研究仍然存在以下不足：

第一，由于上市企业出口额数据可得性的限制，本研究的样本研究时间为 2003 年到 2016 年。虽然这可以排除一些潜在因素的影响，但没有研究到最近的年份，全国碳市场已经正式启动交易，更新研究时间可能会得到更为丰富的结论。

第二，碳交易试点政策影响企业出口绿色技术含量的中介渠道可能会有多条，本研究只实证检验了绿色技术创新和资源配置效率两条途径。碳交易试点政策也可能通过其他途径影响出口绿色技术含量，例如企业融资约束渠道、产业转型升级渠道等，有必要在今后做进一步的研究，从而丰富碳交易试点政策影响出口绿色技术含量的中介渠道研究。

第三，中国试点碳市场的政策设计包含诸多特征，包括碳市场配额分配总量、覆盖企业范围、配额分配方法、配额分配方式、核证减排量抵消比例、企业履约惩罚力度、监测、报告与评估（MRV）等。在进行实证分析时，有些政策要素特征进行量化的难度较大，例如覆盖企业范围、交易方式、MRV 等，难以对所有的政策制度进行全面分析。有必要在今后的研究中更深入和全面地分析不同政策设计的差异性影响。

第四，在环境规制的协同效应分析方面，本研究只分析了碳市场与环境目标政策的协同效应，没有对碳市场与其他环境规制所产生的协同效应进行分析。由于碳价格容易受到可再生能源政策的影响进而影响碳市场的政策效果，因此，在后续的研究中应全面地分析碳市场与可再生能源补贴政策、可再生能源配额制等政策的协同效应。

第2章

碳交易试点政策影响出口绿色技术含量的理论基础

本章首先介绍了碳市场的主要内容和与碳市场相关的主要经济学理论。再介绍环境规制影响出口绿色技术含量的相关理论，包括波特假说、污染者天堂假说、要素禀赋理论和国家竞争优势理论。最后基于这些理论和文献，提出碳交易试点政策与企业出口绿色技术含量之间的影响机理。

2.1 碳交易相关理论基础

2.1.1 碳市场内涵

碳交易的本质就是政府给碳排放权赋予了商品属性，在碳排放水平总量的控制下，给予企业一定的排放二氧化碳的权利。同时企业具备了买卖碳排放的权利，从而将社会成本内部化，企业也将在其生产决策中考虑碳排放权的价格因素，在经济最大化原则的驱动下做出最优的生产和排放选择。碳交易来源于排污权交易，排污权交易在美国被首次进行了实践，美国通过对废气和废水等污染物进行排污权交易，以此实现了对大气与河流污染的治理。排污权交易实行的关键在于政府需要测算出当地环境可以允许的最大污染物排放量，在确定好这一总量之后，将其划分成若干份排放额，并在一级市场上进行拍卖或者直接免费分配给当地的排污企业。而当地的排污企业在获得污染排放额之后，可以用来抵消自己在生产过程中的污染排放量，也可以直接在二级市场上进行售卖，从而获取利润。那么对于碳排放权来说，二氧化碳就等同于排污权中的污染物。如果排碳企业在履约期内获得一定的碳排放额度，该企业通过使用清洁的生产工艺技术来减少二氧化碳的排放总量，使企业实际的碳排放总量小于企业获得的碳排放额度，那么该企业就可以将多余的碳排放额度出售给碳排放额度不足的企业，以此获得收益。如果排碳企业没有进行技术改造或者扩大了生产规模而增加了实际碳排放量，超过了企业获得的碳排放份额，企业就需要在二级市场上购买碳排放份额去弥补空缺，否则将面临政府的处罚。

碳市场的经济学原理如图 2－1 所示，Q^* 为碳市场所设定的一个碳排放总量，由于减碳行动的迫切性，碳排放具有了稀缺性，在市场上具有了价格，企业不能随意进行碳排放，需要为此付出成本。碳市场则可以利用碳市场的均衡价格 P^* 来给影响企业的排放成本。由于 Q^* 是一个定值，通过碳排放额度的供求关系则可以影响到 P^*，当碳排放需求 D 越多时，则 D 则会向右移动，那么碳市场上的碳排放权均衡价格 P^* 则会向上移动，即碳价格就会升高。因此，企业在市场上用于购买碳配额所付出的成本越高，与之对应的是，企业在市场上出售碳配额所得到的收益也就越大。碳市场就通过市场化手段对过量排放的企业施加经济惩罚，给减排企业以经济激励，企业的减排动力越来越足，便会加大在低碳项目的投入。因此，政府既可以通过碳排放权交易来控制企业的碳排放总量，也可以通过市场激励倒逼企业进行绿色技术创新。碳市场的理论基础主要由两部分内容组成，分别是外部性理论和科斯定理。在明确了碳市场的具体内容和经济学原理之后，接下来本研究将介绍政府建立碳市场的主要理论依据，即外部性理论和科斯定理。

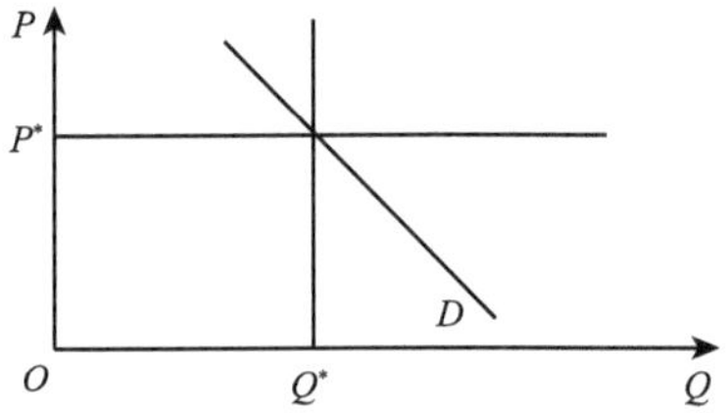

图 2－1　碳市场的经济学原理

数据来源：作者自行绘制。

2.1.2 外部性理论

随着人类社会工业活动的不断加深，人类高投入、高消耗和低产出的粗放型发展模式产生了大量污染物的排放，大量污染物的排放对环境造成了破坏，再影响人类正常生活，从而引发了环境问题。外部性则是从这类人为因素造成的环境问题中引发出来的。外部性是指某一经济体的生产经营活动让社会或他人付出了额外的成本或者是获得了额外的收益，从而对社会或他人产生了影响，由此产生了外部性。如果某种经济活动对社会造成的损失大于私人成本，该种活动就产生了负外部性。

在环境经济学领域中，某一经济体在生产过程中向环境排放了污染物，环境受到了污染，而其他经济体则要面对环境污染带来的负面影响。外部性理论在解决环境问题上得到了典型的运用。在 19 世纪末，经济学家马歇尔和庇古对外部性问题产生的根本原因以及解决方法进行了详细分析。庇古认为，外部性问题产生的原因是边际私人成本和收益与边际社会成本和收益存在差异。外部性问题如图 2－2 所示。图中 D 为企业的需求曲线，MR 为边际收益曲线，MC 为边际成本曲线。社会边际成本曲线为 $MC+ME$，因为负外部性的存在，社会的边际成本要高于企业的边际成本。则社会边际成本高出企业边际成本的部分为 ME。ME 可以视作为企业增加一单位生产量所造成社会增加的成本。企业在利润最大化原则的驱动下，其生产产品的价格和产量是处在 MR 与 MC 相交的地方，即（P_0，Q_2）处，此时企业的产量为 Q_2。在使社会收益最大化的情况下，社会的边际收益应当等于社会的边际成本，即企业生产产品的价格和产量是在（P_0，Q_1）处，此时企业的产量应该为 Q_1。由此可知，生产的负外部性造成生产过量，超过了社会最优状态下帕累托效率所要求的产量水平。

因此可知，外部性问题会使边际社会成本与市场价格不一致，市场不会自发使社会资源达到帕累托最优配置，此时政府需要出面进行干预。当企业因排放污染物而造成负外部性问题时，政府可以针对边际私人收益大于边际社会收益的部分，对企业的污染排放量进行强制征税，这种通过征税形式来解决外部性问题的措施则被称为庇古税。庇古税可以使外部成本内部化，新古典经济学派正是基于外部性理论来分析环境规制对企业的影响。当庇古税使外部成本内部化时，企业生产均衡情况如图2－3所示。边际收益曲线 *MPB* 与边际成本曲线 *MPC* 相交的点（P^*，Q^*）是企业产品产量和价格到达均衡状态的点，此时企业的边际成本与边际收益相等。庇古税影响下，企业的边际生产成本曲线变为 *MSC*，它为企业原本的边际生产成本和边际外部成本之和，它位于 *MPC* 曲线的左上方。此时 *MSC* 与 *MPB* 相交的点（P_1，Q_1）即是企业产品产量和价格到达均衡状态的点。由此可知，庇古税影响下企业产品的价格 P_1 要大于 P^*，产量 Q_1 要小于 Q^*。这就意味着庇古税的存在致使企业的产量下降、生产成本增高，最终导致企业竞争力的降低。

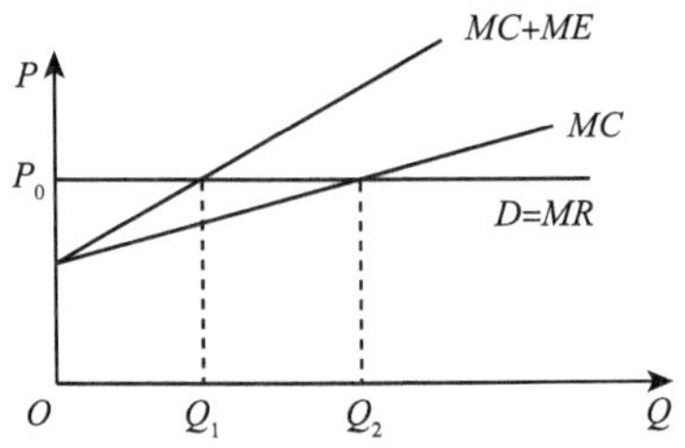

图2－2　外部性问题说明

数据来源：作者自行绘制。

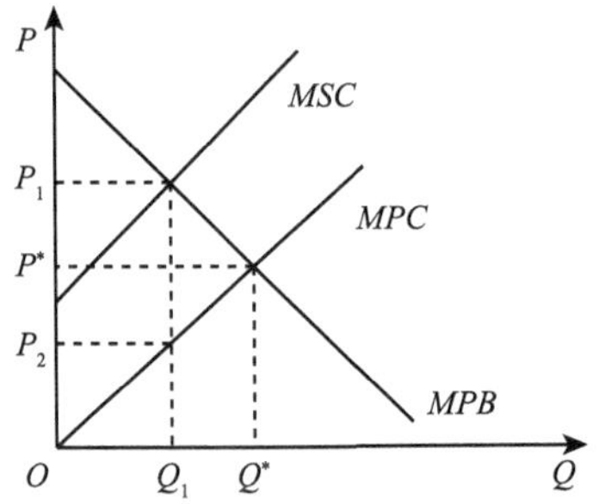

图2－3　成本内部化图解

数据来源：作者自行绘制。

碳排放交易政策产生的重要原因则是碳排放的负外部效应，碳排放量通常被认为是公共资源，当不存在碳交易政策时，企业可以根据生产需要随意向大气中排放二氧化碳，产生温室效应，引发一系列气候问题，从而影响人类的生活。而排放这些二氧化碳的企业却不需要为此付出成本，这就是碳排放的负外部效应。因此，政府需要出面进行干预，依托碳交易政策让排放污染物的企业弥补其给社会或他人造成的损失，解决碳排放的负外部效应，从而实现资源的有效配置和保护生态环境。因此，外部性理论是中国实施碳交易试点政策的理论支撑之一。

2.1.3 科斯定理

产权理论由经济学家科斯提出，也被称为科斯定理，它的发展主要经过了两个阶段。第一阶段是 1937 年科斯在其发表的题为 *The Nature of the Firm* 的经典论文中指出了企业的本质，即企业是为了节约交易费用而产生的。第二阶段是 1960 年科斯在其发表的题为 *The Problem of Social Cost* 的经典论文中解释了外部性问题产生的原因以及解决外部性问题的方法。科斯定理主要由交易费用理论、产权界定理论和外部性理论三部分组成。科斯第一定理强调当社会的交易成本为零时，无须产权界定，市场可以自发使资源配置达到最优。科斯第二定理和科斯第三定理强调，在交易成本存在的情况下，清晰界定产权将有助于实现资源的优化配置。总体来说，根据科斯定理，由于现实生活中交易费用的存在，当产权明晰时，市场可以有效配置资源，解决外部性问题。外部性理论是科斯定理应用的前提，对于负外部性问题，可以通过产权明晰，让市场自发使外部成本内部化，实现资源的最优配置，从而解决负外部性问题。

通过科斯定理将碳排放权界定清晰之后，碳排放的私人边际成本将等于社会的边际成本，基于外部性理论结合图 2-4 说明这一结论。$MC1$ 为企业的边际成本曲线，$MC2$ 为碳排放权被纳入到企业生产函数中的边际成本曲线。由于碳排放权可以自由买卖，它具有了价值，对于生产者来说，它已经构成生产成本的一部分。此时，企业总的边际成本为企业原有的边际生产成本和使用碳排放权的边际成本，即为 $MC2$。在完全竞争的理想状态下，通过科斯定理可以使企业的边际成本曲线 $MC1$ 向上移动，当到达 $MC2$ 时，企业的产量由 Q_1 下降到 Q_2。结合图 2-2 可知，当 $MC2$ 与社会边际成本曲线重合时，此时企业的产量水平与社会最优的产量水平相等。因此，科斯定理可以有效解决碳排放的负外部性问题。

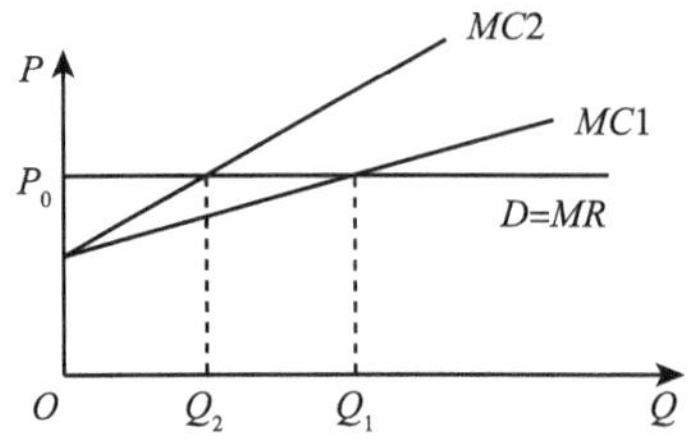

图 2－4　科斯定理影响说明

环境问题正变得逐渐重要且已经成为社会关注的焦点，学者们正在通过经济学理论来寻找解决环境问题的方法。国家在早期主要通过政府干预，即征收排污税等命令控制型环境规制来解决环境的负外部性问题，虽然这对于生态环境起到了一定的保护作用，但却没有实现资源的最优配置，也抑制了企业减排的积极性。科斯定理提出之后，各国政府就开始通过使用市场化的手段来解决外部性问题，市场激励型环境规制如碳交易政策便应运而生。碳交易试点政策界定了企业的碳排放权利，使企业可以将多余的碳排放额度在二级市场上进行交易，有利于市场自发实现资源的优化配置，继而提升了企业的减排动力。

2.2 环境规制与出口绿色技术含量相关理论

碳交易试点政策对企业出口绿色技术含量影响的相关理论主要包括波特假说、污染天堂假说、要素禀赋理论和国家竞争优势理论。接下来，本研究将详细介绍出口绿色技术含量的定义和相关理论。然后，再根据这些理论提出本研究的理论作用机理。

2.2.1 出口绿色技术含量定义

出口绿色技术含量属于绿色国际竞争力的范畴，而绿色国际竞争力是传统国际竞争力的延伸。国际竞争力是指一个经济体中的企业或产业在国际市场上获得的竞争能力。国际竞争力是国家竞争优势和综合国力的重要表现，它反映了该国能够生产和提供国际市场需要的商品和服务，并稳定地具有一定的市场份额。在当前世界范围内对于经济发展质量要求不断提升的背景下，加之贸易绿色转型升级的现实要求，绿色、低碳等元素被加入到国际竞争力的具体概念和衡量指标当中（郑义等，2015；唐静等，2017；刘英基，2019；周杰琦和韩兆洲，2020；佟家栋和冯祥玉，2022）。赵领娣等（2001）、胡燕京和赵领娣（2002）认为绿色国际竞争力是指企业在当前可持续发展背景下，从自身发展的角度考虑，通过采用绿色发展战略，向国际市场提供附加值含量更高的绿色化产品或服务，从而获得竞争优势。陈红喜等（2013）从价值链的视角出发，指出从产品的设计到整个加工生产的具体过程中，企业通过在每一个环节提高资源利用效率，带来整体生产水平的提高，生产水平的提高则会部分或全部弥补由节能减排所带来的生产成本，由此形成绿色国际竞争力优势。齐绍洲和徐佳（2018）、李锴等（2019）认为绿色国际竞争力可以反映贸易转型升级的动态过程，特别是在出口绿色技术含量上的动态变迁。

出口绿色技术含量可分为产品的出口技术含量和产品生产过程中的绿色程度。出口技术含量一般是指出口商品中包含的技术要素，出口技术含量高就意味着该出口商品中包含的技术要素多，也表明该国出口商品的档次较高（姚洋和张晔，2008；李长青等，2015；倪红福等，2017）。对于出口技术含量的理解可以分为产品、行业和国家层面。具体而言，产品的出口技术含量是指某件产品中所包含的技术要素状况；行业的出口技术含量是指某个行业内所有产品技术含量的加总；国家的出口技术含量是指整个国家所有出口产品技术含量的加总。

基于出口技术含量视角，结合当前出口贸易绿色转型的迫切需要，李长青等（2015）、Li 和 Lu（2018）在出口技术含量的概念基础上，给其赋予了绿色内涵。出口绿色技术含量是指企业在出口产品中所包含的绿色技术要素，出口绿色技术含量越高就意味着该出口商品中包含的绿色技术要素越多，产品附加值越高。出口绿色技术含量可以体现出产品的技术含量和绿色程度。对于一国或一个地区而言，出口绿色技术含量可以反映出口贸易在获得比较优势的同时是否消耗了大量的资源，并因而对生态环境造成了负面影响，也可以反映这种比较优势所拥有的绿色技术含量的高低。因此，出口绿色技术含量也可反映一国借助绿色低碳经济获得贸易竞争力增量的能力，是对于传统贸易竞争力的延伸。

2.2.2 波特假说

新古典经济学认为政府实施环境规制之后，企业为了遵循环境规制减少排放，会购买节能减排设备而提高产品的生产成本。因为企业的生产资料、技术和消费者需求都是固定不变的，在利润最大化原则下，企业就应该在最优资源的配置下进行生产，而环境规制政策就相当于给企业生产增加了一项额外的约束条件，必然增加生产成本。相较于未遵循环境规制的企业，它们的生产率和竞争力就会受到负面影响，影响在国际市场上的份额，因此环境规制会影响其国际竞争力。但波特却并不赞同这一观点，他认为适当的环境规制会激励企业进行技术创新，而技术创新带来的生产率提高会带来额外收益，由创新带来的收益可以部分或者全部弥补企业为减少污染排放所增加的生产成本，会增加企业的净利润，同时其生产的新型绿色产品也会在市场上更受消费者青睐，从而增强国际竞争力（Porter，1991）。1995 年波特与范德林德进一步完善了波特假说的具体内容，环境规制实行之后，企业可以认识到自己在生产绿色产品上的技术问题，同时企业环保意识也会得到提升。故企业在做生产决策时会考虑环保因素，会更加主动进行绿色创新活动，加大对绿色技术项目的研发投入，从而提升企业的绿色技术创新水平和生产效率，生产更具优势的绿色产品。在当前绿色低碳发展背景下，绿色产品将在国际市场上具有较强的竞争优势，因此企业的竞争力会得到提高（Porter et al.，1995）。

随后学者对波特假设进行了不断的研究和深化，使波特假说不断完善。波特假说主要分为创新补偿理论和先动优势理论。创新补偿理论是指设计合理的环境规制可以促使企业进行创新活动，继而使产品质量提升，在市场上获得更大的份额。同时，由于企业在生产过程中通过创新性的管理，掌握了减少污染排放的方法和技巧，有效减少污染物的排放数量，节约了资源，虽然没有改变产品的实际性能，但却提高了资源的利用效率和生产率，从而降低了产品的生产成本，其产品在市场上也更具有价格优势。最终通过创新补偿所带来的经济收益可以抵消企业进行节能减排的成本，以此增加企业的国际竞争力。而先动优势理论是指率先进行绿色创新的企业可以在国际市场上获得竞争优势。因为环境保护已经是大势所趋，消费者的环保意识逐渐增强，他们乐意支付较高的价格去购买绿色产品，因此国际市场对绿色产品有着较大的需求。因此在环境规制的影响下，企业率先进行绿色创新，生产技术标准不仅符合国际严格的水准，同时也会领先于其他国家，生产的绿色产品能获得消费者的青睐，从而获得先动优势，有利于率先在国际市场上占据有利地位，加大出口而获得巨大收益，而其他企业想要进入这一领域就需要加大环保方面的投入，同时还要面临严格的环境标准。因此，设计得当的环境规制可以从激发创新补偿效应和发挥先动优势两方面增强企业的国际竞争力。碳交易政策规制的强度没有命令控制型规制的强度高，可以通过市场调节自发激励企业进行创新，因此，碳交易试点政策对企业出口绿色技术含量的影响在理论上得到了波特假说的支持。

2.2.3 污染天堂假说

波特假说的核心思想是合理的环境规制可以提高国际竞争力，在促进本国经济发展的情况下不对生态环境产生负面影响。与波特假说相对应的则是污染天堂假说（Walter et al.，1979）。该假说认为环境规制的实施会使发达国家的环境污染转移到其他非发达国家中。这是因为发达国家的经济发展程度高，对环境保护的要求较高，本国企业为了规避环境政策带来的生产成本影响，会选择在发展中国家投资建厂生产污染密集型产品。由于发展中国家经济发展程度不高，当地政府的环保意识较为薄弱，为了快速发展本国经济，会降低环境规制，国内企业大量生产污染密集型产品，从而污染本国环境。因此，环境规制强度的增加虽然会有利于发达国家的环境治理，但会破坏发展中国家的生态环境。

Copeland 和 Taylor（1995）利用国家间的比较优势理论来对污染天堂

假说进行了解释。相比于发展中国家，发达国家生产污染密集型产品的生产成本更高。受到环境规制的影响，发达国家企业生产成本的增加将带来销售利润和生产效率的降低，同时环境标准的提高将迫使企业转变生产流程和缴纳更多的环境税，这些影响最终会作用到企业的出口上，降低其国际竞争力。因此，发达国家的企业就会选择生产清洁产品，污染型企业就会到发展中国家去投资建厂。而发展中国家基于自身发展考虑会主动选择生产污染型产品。发达国家和发展中国家各自在生产清洁型产品和污染型产品上具备比较优势。在自由贸易的情况下，发展中国家专注生产污染密集型产品，发达国家专注生产清洁型产品，这就使污染产业由发达国家转向了发展中国家，发展中国家的环境不断恶化。

2.2.4 要素禀赋理论和国家竞争优势理论

要素禀赋理论否定了污染天堂假说提出的“自由贸易情况下，发达国家生产清洁产品，发展中国家生产污染型产品”的观点。经济学家俄林和赫克歇尔在《地区间贸易与国际贸易》一书中提出，两国间产品价格的不同来源于各自生产该产品的生产要素丰裕度不同。因为两国间生产要素的丰富程度决定了其生产要素的价格高低，而生产要素的价格高低直接导致最终产品的生产成本出现差异，继而体现在产品的价格上。各国家要素禀赋的不同，使各国生产不同产品的成本不同，因此，一国想要在国际贸易中获得竞争优势就需要出口本国充裕的原料所生产的产品。发达国家的资本要素相对充裕，发达国家会根据自身资源禀赋条件专业化生产资本密集型产品。而发展中国家的劳动力要素或自然资源要素相对充裕，故发展中国家则会专业化生产劳动密集型产品。资本密集型产品会消耗更多能源，造成更多的污染排放，因此发达国家会造成更严重的环境污染。然而，要素禀赋理论并不能解释“里昂惕夫之谜”，即为什么资本要素充裕的美国会进口更多的资本密集型产品，反而出口更多的劳动密集型产品。鉴于此，经济学家们又试图通过其他理论来分析贸易行为。

为了解释国际贸易行为，经济学家波特提出了国家竞争优势理论。该理论认为，国家间的比较优势应该体现在技术创新水平上，一个国家的技术创新水平能力越强，越能弥补该国家在某些资源要素上的不足，从而获得竞争优势。如果一个国家可以根据新的国际形势持续进行技术创新，提升产品的技术含量，那么该国就可以在国际贸易领域中占据有利地位。

2.2.5　环境规制对出口技术含量影响的理论模型

本研究根据余娟娟（2015）和 Chen（2017）的理论模型来分析环境规制对企业出口技术含量的影响。根据两部门生产模型来假设某一出口企业拥有负责进行产品生产的生产部门和负责技术创新的研发部门。Hausman（2007）根据成本发现原理认为，出口企业在进入一个全新的项目时会在选择模仿进入或者研发创新，据此，余娟娟（2015）则假定出口企业在面对环境规制时，可以选择自主创新或制度规避。因此，本研究认为，当企业面临环境规制时，其生产部门和研发部门的产出绩效会受到影响。本研究用 ERS 表示环境规制，R 为企业的总产出。ERS_1 和 ERS_2 分别为对生产部门和研发部门产生影响的环境规制。生产部门和研发部门的产出分别为 R_1 和 R_2，成本函数为 $C_1(R_1, ERS_1)$、$C_2(R_2, ERS_2)$，则企业总收益为 $T(R)$。环境规制对研发部门的影响也会通过技术创新减少产品的生产成本来影响到生产部门，假定环境规制对生产部门的影响不会扩散到研发部门，因此存在以下条件 $\frac{\partial R_1}{\partial ERS_2} \neq 0$，$\frac{\partial R_2}{\partial ERS_1} = 0$。

由此可得，企业的利润最大化公式为：

$$MaxT(R) - C_1(R_1, ERS_1) - C_2(R_2, ERS_2) \tag{2.1}$$

根据利润最大化条件，对 R 进行一阶求导，可得：

$$T'(R) - C_1'(R_1, ERS_1) \tag{2.2}$$

$$T'(R) = C_2'(R_2, ERS_2) \tag{2.3}$$

将式（2.2）分别对 ERS_1 和 ERS_2 二阶求导，可得：

$$T''(R_1 + R_2) \times \frac{\partial R_1}{\partial ERS_1} = C_1''(R_1, ERS_1) \times \frac{\partial R_1}{\partial ERS_1} + \frac{\partial C_1'(R_1, ERS_1)}{\partial ERS_1} \tag{2.4}$$

$$T''(R_1 + R_2) \times \left(\frac{\partial R_1}{\partial ERS_2} + \frac{\partial R_2}{\partial ERS_1}\right)\frac{\partial R_1}{\partial ERS_1} = C_1''(R_1, ERS_1) \times \frac{\partial R_1}{\partial ERS_2} \tag{2.5}$$

将式（2.3）对 ERS_2 二阶求导，可得：

$$T''(R_1+R_2)\times\left(\frac{\partial R_1}{\partial ERS_2}+\frac{\partial R_2}{\partial ERS_1}\right)=C_2''(R_2,ERS_2)\times\frac{\partial R_2}{\partial ERS_2}+\frac{\partial C_2'(R_2,ERS_2)}{\partial ERS_2}\tag{2.6}$$

根据成本和收益函数的性质可知，C'与T''小于 0，而C''大于 0。联立式（2.5）与式（2.6），可得：

$$\frac{\partial R_1}{\partial ERS_2}=\frac{T''(R_1+R_2)\times\frac{\partial C_2'(R_2,ERS_2)}{\partial ERS_2}}{T''(R_1+R_2)\times[C_1''(R_1,ERS_1)+C_2''(R_2,ERS_2)]-C_1''(R_1,ERS_1)\times C_2''(R_2,ERS_2)}\tag{2.7}$$

$$\frac{\partial R_2}{\partial ERS_2}=\frac{C_1''(R_1,ERS_1)-T''(R_1+R_2)}{T''(R_1+R_2)}\times\frac{\partial R_1}{\partial ERS_2}\tag{2.8}$$

由$\frac{\partial R_1}{\partial ERS_2}>0$可得出$\frac{\partial R_2}{\partial ERS_2}<0$。由式（2.4）可以得出$\frac{\partial R_1}{\partial ERS_1}<0$。对于企业的生产部门来说，环境规制会给出口企业增加生产成本，降低出口技术含量，另外，对于企业的研发部门来说，为了遵循环境规制减少污染排放，企业在节能减排项目上的研发投入将被视为研发成本，研发成本的增加将降低研发部门的经济绩效。因此，环境规制对企业出口技术含量的抑制影响为$\frac{\partial R_1}{\partial ERS_1}+\frac{\partial R_2}{\partial ERS_2}$，这种负面影响为环境规制的遵循成本效应。与此同时，企业在进行技术创新之后，技术创新的外溢效应可以传递到生产部门，对生产部门的工艺和生产流程进行改进和优化，从而降低污染排放，提高产品的质量和生产率，最终增加出口技术含量。因此，环境规制对企业出口技术含量的提升效果为$\frac{\partial R_1}{\partial ERS_2}$，这种正向影响为环境规制的创新补偿效应。

最终，环境规制通过遵循成本效应和创新补偿效应对企业出口技术含量的总影响为$\frac{\partial R_1}{\partial ERS_1}+\frac{\partial R_2}{\partial ERS_2}+\frac{\partial R_1}{\partial ERS_2}$，该值的大小不能确定，它取决于环境规制给出口企业带来的创新补偿效应是否大于遵循成本效应。这符合波特假说，即设计得当的环境规制可以通过创新补偿效应，部分或全部弥补企业的遵循规制成本，从而提升出口竞争力。本研究的研究对象碳交易试点政策也属于环境规制，那么当碳交易试点政策的设计合理时，它可能通过创新补偿效应和遵循成本效应对企业出口绿色技术含量产生影响。接下来，本研究将归纳碳交易试点政策影响出口绿色技术含量的作用机理。

2.3 碳交易试点政策与企业出口绿色技术含量之间的影响机理

通过对碳交易试点政策影响企业出口行为的相关理论梳理，本研究认为碳交易试点政策可以通过两种路径来影响企业的出口绿色技术含量，分别是企业的绿色技术创新水平和资源配置效率。本研究接下来将分别介绍碳交易试点政策对出口绿色技术含量的两种影响路径。

2.3.1 基于绿色技术创新的影响机理分析

2.3.1.1 碳交易试点政策与绿色技术创新

碳交易试点政策可以通过两种途径影响企业的绿色技术创新水平，分别是挤出效应和倒逼效应。

（1）挤出效应。碳交易试点政策实施后，迫于政府压力，企业不能随意进行碳排放，并且需要为多余的碳排放量支付排污费，这种强制性的约束将对企业的绿色技术创新水平产生影响。企业需要支付排污费，同时需要将更多的资金用来购买减排设备，这就导致企业在生产产品时要付出更多的成本，当产品的成本增加后，它在市场上的份额就会降低，市场份额减少带来的利润下降将影响企业的现金流，企业就可能减少用于绿色技术创新的研发资金（Zhou et al.，2024c）。再加上绿色技术创新本身具有较高的风险性，研发周期较长且需要持续的资金投入，并且绿色技术创新可能在短期内无法带来实质的经济回报，因此企业进行绿色技术创新的意愿可能会降低，不愿投入过多资金在技术研发上。这就是碳交易试点政策给企业绿色技术创新所带来的挤出效应。

（2）倒逼效应。碳交易试点政策会倒逼企业进行绿色技术创新。当碳交易试点政策的实施使企业的利润下降时，企业会反思在绿色领域的不足，环保意识得到增强，继而主动进行绿色技术创新行为。同时根据波特假说，碳交易试点政策可以通过绿色技术创新弥补减排成本。企业通过技术创新生产的绿色产品，可以发挥出绿色产品先行优势，更快地占领市场，获得新的市场份额，市场份额的增加将带来利润的增加，由此带来创新补偿效应，补偿企业进行绿色技术创新时的研发成本。加之中国是将碳配额免费分配给企业，为了获得额外的收益，企业有动力通过绿色技术创新来减少碳排放量，减少的碳排放量可以在碳市场上进行售卖，获得额外利益。并且由于碳市场的配额供求波动，使碳价格波动，由此造成碳风险，企业为了避免碳风险也会更为主动进行绿色技术创新（Noailly et al.，2015）。因此企业有动力加大绿色项目的研发投入，主动进行绿色技术创新，这就是碳交易试点政策所带来的倒逼效应。

2.3.1.2 绿色技术创新与出口绿色技术含量

裴长洪和刘洪愧（2017）认为，技术创新水平是影响出口技术含量提升的主要原因，而绿色技术创新可以通过提高产品质量，促进生产率水平来作用于出口绿色技术含量。

（1）产品质量。绿色技术创新使产品的生产投入要素均为可再生的环保要素，高质量的生产投入要素可以有效提升产品的质量。同时，绿色技术创新可以提高产品的技术含量，使产品变得更为新颖更为绿色，更具独特性。产品的绿色含量越高，越能突破国际贸易的绿色壁垒，帮助企业占领国际市场，获得更大的经济效益。另外，绿色技术创新可促使产品的出口结构发生改变，使工业制成品和清洁产品所占的比例增大，初级产品比例和污染型产品所占比例降低，并增加产品的技术附加值，进而提升出口绿色技术含量。

（2）生产率水平。具体而言，绿色技术创新可以推动生产设备和生产工艺的改造升级，带来生产、组织与管理模式的革新，促进生产率水平的提高。生产率水平的提高将节约更多能源，减少污染排放，并大幅增加产品的数量，降低生产成本，从而带来规模经济，帮助企业获得更大的经济效益。有助于企业降低出口固定成本，快速嵌入国际市场，提升其在全球价值链中所处的位置（黄先海和杨高举，2010）。因此，绿色技术创新可以通过提升生产率水平来提高出口绿色技术含量。

通过以上分析，碳交易试点政策可以通过挤出效应和倒逼效应对企业的绿色技术创新产生影响，而绿色技术创新可以通过提升产品质量和生产率水平来促进出口绿色技术含量的提升。

2.3.2　基于资源配置效率的影响机理分析

碳交易试点政策可以凭借其市场化属性来优化企业的资源配置效率，再通过进入退出效应和产品转化效应影响出口绿色技术含量。

2.3.2.1　碳交易试点政策与企业资源配置效率

碳交易试点政策可以通过引导生产要素的流动改善企业资源配置效率。由于碳交易试点政策属于市场型环境规制，它的市场交易属性使出售多余二氧化碳配额的权利从高污染型或生产效率低的企业流向清洁型或生产效率高的企业，而高污染型或生产效率低的企业只能被动购买二氧化碳配额。生产要素也会随着碳配额权利的流动而进行转移，生产要素会从高污染型或生产效率低的企业流向清洁型或生产效率高的企业，清洁型或生产效率越高的企业就可以得到越多的生产资源，最终也可以在市场上占据更多的份额，预期利润率得到提升。而生产效率较低或者高污染型的企业由于生产要素或者生产资源的限制，无力承担高昂的环境治污成本，它们的发展就会受到限制，企业份额将会下降，甚至是退出市场（Zhou et al.，2024d）。因此碳交易试点政策可以通过影响生产要素的流动影响企业的资源配置效率。

2.3.2.2　资本配置效率与出口绿色技术含量

（1）进入退出效应。在技术水平不变的情况下，生产要素流动所带来的资源配置效率提高也就意味着生产效率的提高（钱雪松等，2018）。而生产效率的提高则可以节约更多能源，减少污染排放，继而提高了出口绿色技术含量。因此碳交易试点政策通过引导生产要素的流动，使清洁产业内的企业不断升级优化，生产效率不断提高，而污染型企业将由于低效率而退出市场，整个产业也在企业的进入退出行为中不断得到提升，从而实现整个产业的转型升级，而产业的转型升级意味着该产业内企业出口绿色技术含量的提升。

（2）产品转化效应。另外，企业面对环境规制时可以通过选择配置不同的产品生产组合去最小化规制成本（高翔和袁凯华，2020）。面临碳交易试点政策所带来的成本约束，企业为了追求成本最小化和利润最大化，很有可能会重新配置生产资源，对其产品生产组合进行调整，即主动增加对清洁型生产部门的生产要素投入，减少对污染型生产部门的生产要素投入（韩超和桑瑞聪，2018）。这是因为随着碳交易试点政策的实施，为了规避由于碳交易试点政策所带来的环境污染成本的影响，企业会放弃或减少生产污染型产品。再者，由于多余的碳排放配额可以在碳市场上进行交易，为了获取额外的利润，企业会由生产高能耗的污染型产品转向生产低能耗的清洁型产品，并扩大清洁产品的出口种类。污染产品的退出和清洁产品的进入会提高整体的出口绿色技术含量。

通过上述分析，碳交易试点政策可以通过影响生产要素的流动来实现企业的资源优化配置，而企业资源配置效率的提升会产生进入退出效应和产品转化效应，从而最终影响出口绿色技术含量。

综上所述，碳交易试点政策可以通过影响企业的绿色技术创新水平和企业的资源配置效率来影响出口绿色技术含量的提升，影响机理具体如图 2-5 所示。

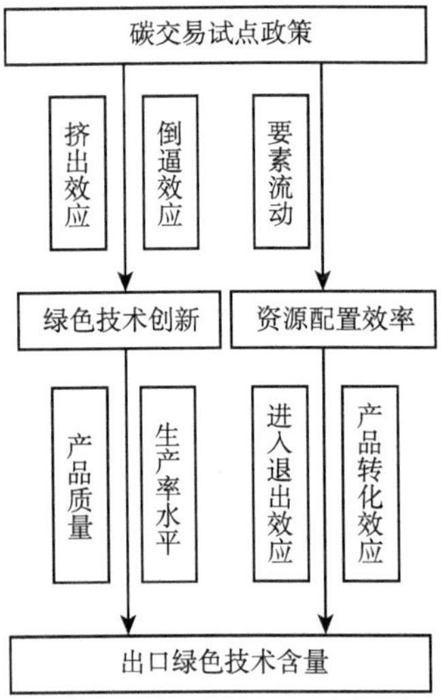

图 2-5　碳交易试点政策对出口绿色技术含量的影响机理

第 3 章

碳交易试点政策与出口绿色技术含量的现状特征

上文分析了碳交易试点政策对出口绿色技术含量影响的理论基础和作用机理，接下来，本研究将对碳市场的发展现状、中国出口绿色技术含量的现状，以及中国碳交易试点政策与出口绿色技术含量的关联性进行描述性分析，以期为后文的实证提供宏观层面的经验证据。

3.1 碳市场现状分析

3.1.1 国际碳市场

1997 年，碳市场在《京都议定书》中作为碳减排政策被正式提出。《京都议定书》签订之后，许多国家开始建立本国的碳市场。为了完成《京都议定书》规定的减排义务，英国在 2002 年率先建立了全球第一个国家性温室气体经济交易体系，2005 年欧盟排放交易体系正式启动，成为当时世界上最大的碳排放权交易体系。通过吸取欧盟碳市场的经验，美国、澳大利亚、日本和韩国等国家也随后启动了碳排放权交易。截至 2020 年底，全球四大洲共有 24 个碳排放权交易市场正在运行，覆盖了全球近 16% 的二氧化碳排放量，另有 24 个碳排放权交易市场正在计划实施中（ICAP，2021）。

欧盟碳市场是目前运行时间最长、全球覆盖碳排放规模第二大的碳排放权交易体系，它在 2015 年的交易量占到了全球的近 80%。它覆盖了 31 个国家和欧盟近 50% 的碳排放量，纳入了 12 000 多家大型排放实体单位。欧盟碳市场的运行可以分为四个阶段，2005 年至 2007 年为第一阶段，2008 年至 2012 年为第二阶段，2013 年至 2020 年为第三阶段，2021 年至 2030 年为第四阶段。在碳配额总量设定上，第一阶段为每年 22.36 亿吨，第二阶段为每年 20.98 亿吨，第三阶段为每年 18.46 亿吨。在碳配额分配模式上，第一阶段与第二阶段中，欧盟碳市场均采取历史分配法，且大部分碳配额进行免费分配，少量碳配额进行拍卖，第一阶段的拍卖比例为配额总量的 5%，第二阶段为配额总量的 10%。在惩罚机制上，第一阶段的违约经济惩罚为每吨 40 欧元，第二阶段的违约经济惩罚为每吨 100 欧元。欧盟碳市场在第一阶段和第二阶段时对碳配额总量的设定过松，给企业免费分配的碳配额比例较高，使碳市场上的碳配额出现供大于求的情况，造成了碳配额交易价格的波动，甚至出现过碳配额交易价格曾由 25 欧元低落至 0 欧元的情况。之后第三阶段欧盟碳市场降低了免费分配的比例，将拍卖比例提高到了 50% 以上，并计划逐步提高拍卖比例至 100%。虽然欧盟碳市场在运行之初存在部分问题，但经过碳市场三个阶段的发展，还是取得了不错的减排效果，欧盟的碳排放量整体呈下降趋势，2019 年的碳排放量相比 1990 年下降了近 20%。

北美地区目前较大的碳排放权交易体系分别为西部气候倡议和区域温室气体倡议。西部气候倡议于 2007 年成立，在 2012 年第一阶段开始运行，2015 年第二阶段运行。西部气候倡议的目标是：到 2020 年，倡议成员地区的温室气体排放比 2005 年下降 15%，其成员包含美国西部地区的 7 个州和加拿大的 4 个省，其重点是限制工业行业的碳排放。区域温室气体倡议于 2005 年成立，并在 2009 年开始运行，由美国东北部地区的 12 个州建立，覆盖了美国近 13% 的人口。区域温室气体倡议的重点是限制电力行业的碳排放，它覆盖了美国电力部门 7% 的电力部门碳排放，从 2021 年起，区域温室气体倡议将实行更加严格的排放控制措施。西部气候倡议与区域温室气体倡议互为补充，它们覆盖了美国重点电力行业和工业部门的碳排放量。

大洋洲和亚洲的部分国家也建立了碳市场，主要有新西兰、日本、韩国、哈萨克斯坦等。新西兰碳市场在 2008 年开始启动，是大洋洲中唯一运行的碳市场，它是唯一纳入林业的碳交易体系，并且没有总量限制。日本目前没有一个全国性的碳市场，只有东京碳市场和琦玉碳市场，东京碳市场在 2010 年启动，琦玉碳市场在 2011 年启动。日本为了在 2050 年实现碳中和，计划在 2023 年建立全国性碳市场，预计将有五百多家企业参与。哈萨克斯坦碳市场在 2013 年开始启动，但由于制度设计不合理，在 2016 年停止运行，后对配额分配方式等政策设计进行一系列改革后，2018 年才又重新开始运行，截至 2021 年，哈萨克斯坦碳市场覆盖了包括电力、中央供热系统、石油天然气开采和冶金等 200 多类设施。韩国碳市场在 2015 年开始启动，覆盖了韩国近 75% 的碳排放。韩国碳市场从 2015 年启动至今一共经历了三个发展阶段，目前正处在第三阶段。但从碳减排效果来看，韩国目前的减排效果并不明显，2019 年韩国碳排放量相比 2005 年增加了近 30%。

3.1.2　中国碳市场

3.1.2.1　试点碳市场建设情况

（1）碳市场纳入范围和门槛。2011 年中国政府正式批准七个省（市）开展碳市场，深圳碳市场于 2013 年 6 月率先在七个试点省（市）中启动交易，随后各个试点省（市）也陆续启动碳交易市场。在运行过程中，七个碳试点地区根据自身情况因地制宜设计了不同的政策。在覆盖范围上，如表 3 – 1 所示。随着碳市场的发展不断完善，各个碳市场的行业覆盖范围都在逐渐扩大，其中湖北省碳市场覆盖的行业范围较广。同时，各个碳市场纳入企业的门槛逐渐降低，北京碳市场将企业的纳入门槛由年排放量 10 000 吨降低为 5 000 吨，深圳碳市场将企业的纳入门槛由年排放量 5 000 吨降低为 3 000 吨。在首批纳入企业的数量上，深圳碳市场纳入的企业数量最多，其次是北京碳市场。截至 2021 年 6 月，七个试点碳市场的纳入企业数量已经从 2 000 多家增长到 3 000 多家。这就说明碳市场在逐步扩大范围，将越来越多的属于不同行业的企业纳入碳市场中。

表 3－1　　中国七个试点碳市场的纳入范围和纳入门槛

项目	北京	天津	上海	湖北	广东	重庆	深圳
启动时间	2013 年 11 月	2013 年 12 月	2013 年 11 月	2014 年 4 月	2013 年 12 月	2014 年 6 月	2013 年 6 月
覆盖工业行业	所有工业行业	钢铁、化工、电力、石化、炼油等	电力、钢铁、石化、化工、有色、建材、纺织、造纸、橡胶及化纤等	电力、钢铁、水泥、化工等	电力、水泥、钢铁和石化、造纸、塑料等	化工、建材、钢铁、有色金属、造纸、电力等	电力、燃气、水供给、制造业等
纳入门槛	年排放量 >5 000 吨 CO_2	年排放量 >2 万吨 CO_2	工业：年综合能耗 >1 万吨标准煤；已参加试点的企业年综合能耗 >5 000 吨标准煤	年综合能耗 >1 万吨标准煤	年排放量 >2 万吨 CO_2 或年综合能耗 >1 万吨标准煤	年排放量 >2 万吨 CO_2 或年综合能耗 >1 万吨标准煤	年排放量 >3 000 吨 CO_2
首批控排企业数/家	543	114	197	138	211	242	842

注：数据来源于各省（市）碳排放权管理办法，经作者整理。

（2）碳配额分配。在碳配额的初始分配上，我国碳市场实行的是由免费分配向免费和拍卖相结合过渡，如表 3-2 所示。一部分试点碳市场对企业分配碳配额时采用免费分配方式，另一部分试点碳市场对企业分配碳配额时采用部分配额拍卖与部分配额免费相结合的混合分配方式。免费分配是指企业无须自主出价购买碳配额，可以免费得到政府根据总量控制目标所发放的碳配额。而拍卖则是指政府将碳配额进行公开拍卖，企业需要出价来购买碳配额。两种不同的分配方式会对企业的减排积极性产生不同影响，从而对出口绿色技术含量产生不同影响。

政府在免费分配碳配额时，其配额分配方法主要包括历史排放法、历史强度法和标杆法，由于地区和行业的异质性，各个试点地区对不同行业采用了不同的分配方法，如表 3-2 所示。历史排放法和历史强度法是指依据企业过去几年的碳排放量或碳排放强度分配碳配额，而标杆法是根据产品或行业的排放基准（平均值或先进值）来确定碳配额数量。不同配额分配方法对企业出口绿色技术含量的影响可能有所差异，因此需要深入分析配额分配方法对企业出口绿色技术含量的异质性作用。

表 3-2　　中国七个试点碳市场配额分配设计

项目	北京	天津	上海	湖北	广东	重庆	深圳
配额发放	免费发放	免费发放	免费发放 + 拍卖	免费发放 + 拍卖	免费发放 + 拍卖，拍卖额为年度配额总量的 3%	免费发放	免费发放 + 拍卖，拍卖额不低于年度配额总量的 3%
配额分配方法	历史排放法、历史强度法、标杆法	历史排放法、标杆法	历史排放法、标杆法	历史排放法、标杆法	历史排放法、标杆法	历史排放法	标杆法

注：数据来源于各省（市）碳排放权管理办法，经作者整理。

（3）履约奖惩。在履约惩罚上，各试点碳市场的履约奖惩设计如表 3-3 所示。北京、上海、广东、深圳和湖北碳市场会对没有按时履约的企业给予经济上的惩罚，天津碳市场和重庆碳市场不给予经济惩罚，只是责令限期整改。对于按时履约的企业，除重庆碳市场外，各碳市场均会对企业的节能项目给予资金和政策上的支持。如果试点地区里纳入企业的履约成本小于罚金，企业则可能选择违约，继续生产高污染的产品，这就导致处罚机制失去威慑力，碳市场的价格发现功能就降低，从而不利于企业主动进行绿色技术创新，最终影响企业的出口绿色技术含量。因此，试点碳市场对企业履约的惩罚力度可能会影响企业的出口绿色技术含量，需要对此进行研究。

表 3-3　　中国七个试点碳市场履约奖惩设计

项目	北京	天津	上海	湖北	广东	重庆	深圳
未按时履约惩罚	3~5 倍市场价格罚款	限期整改	5~10 倍市场价格罚款	1~3 倍市场价格罚款	1~3 倍市场价格罚款	限期整改	3 倍市场价格罚款
按时履约奖励	资金、信用、技术支持	为节能减排项目提供资金支持	资金、信用、技术支持	为节能减排项目提供资金支持、绿色信贷政策支持	为节能减排项目提供资金支持		为节能减排项目提供资金支持

注：数据来源于各省（市）碳排放权管理办法，经作者整理。

（4）试点碳市场交易情况。试点碳市场在启动之后逐渐活跃，交易量和交易额在逐渐增加，如图 3-1 所示，2013 年底中国试点碳市场启动交易，成交量为 44.55 万吨二氧化碳，成交金额为 0.25 亿元，到了 2020 年成交量达到 4.34 千万吨，成交金额为 12.67 亿元，交易量增长近 98 倍，交易额增长近 51 倍。截止到 2021 年 6 月，中国七个试点碳市场的累计成交量已经达到 4.8 亿吨，累计成交额为 114 亿元。图 3-2 为各试点碳市场从 2013 年至 2020 年累计的交易量和交易额。从图 3-2 中可以直观地看到湖北碳市场和广东碳市场的累计交易量最大，分别为 7 827.6 万吨和 7 755.1 万吨，所占比例分别为 33.6% 和 33.3%，与此相对的是它们的累计交易额也是较高的，分别为 16.88 亿元和 15.9 亿元，分别占全国交易额的 29.6% 和 27.9%。北京碳市场的累计交易量虽然在试点碳市场中位于中等水平，但它的累计交易额却仅次于湖北碳市场和广东碳市场，这也就说明北京碳市场的碳价处在较高水平。重庆碳市场的累积交易量和交易额最低，说明重庆碳市场的制度设计可能存在部分缺陷，导致重庆碳市场的交易情况较为低迷。图 3-3 为中国七个试点碳市场从 2014 年至 2020 年每年的平均成交价格的变化情况。由图 3 - 3 可知，大部分试点碳市场的平均碳价格在 2015 年至 2017 年经历了一定程度的下降，但从总体来看是呈上升趋势的，其中在 2015 年后，北京碳市场的平均碳价格一直位于试点碳市场的前列。北京碳市场的碳价格增长率也很高，在 2014 年为 59.6 元/吨，2020 年达到了 89.49 元/吨，增加了约 50.2%，这也说明了北京碳市场的活跃程度和流动性可见一斑。2020 年深圳碳市场和重庆碳市场的平均碳价格较低，分别为 20.05 元/吨和 21.07 元/吨。

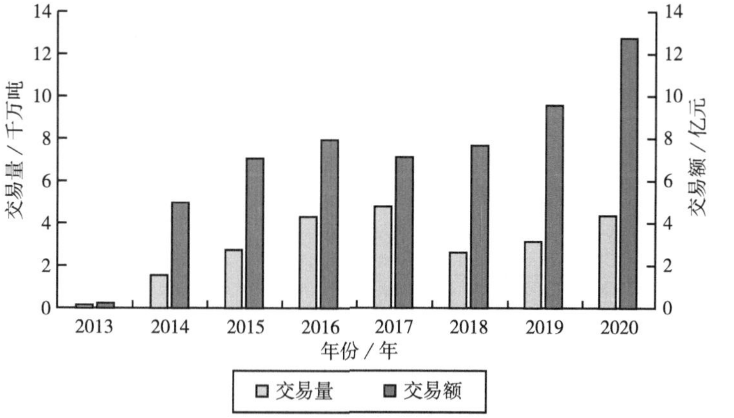

图 3 - 1　2013—2020 年中国碳交易试点市场碳交易量和交易额

数据来源：中国碳排放交易平台（http：//k. tanjiaoyi. com/）。

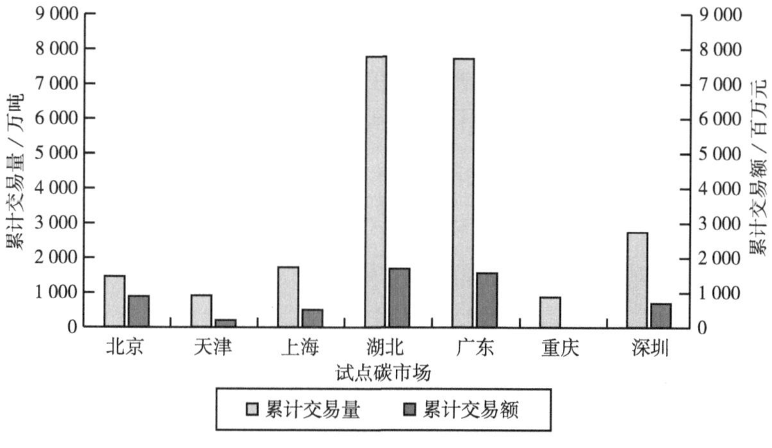

图 3 - 2　2013—2020 年七个试点碳市场累计交易量和交易额

数据来源：中国碳排放交易平台（http：//k. tanjiaoyi. com/）。

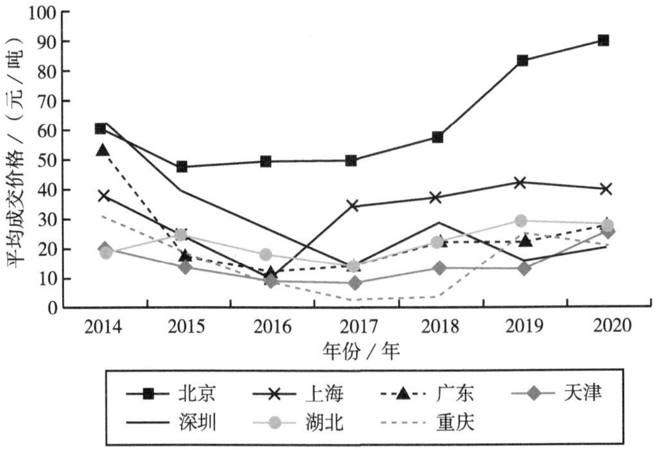

图 3-3　2014—2020 年七个试点碳市场平均成交价格

数据来源：中国碳排放交易平台（http：//k. tanjiaoyi. com/）。

3.1.2.2　全国碳市场建设情况

2017 年 12 月《全国碳排放权交易市场建设方案（发电行业）》的出台，意味着全国碳市场开始启动，同时也标志着我国试点碳市场与全国碳市场并行的二元体系形成。2020 年底，我国政府发布《2019—2020 年全国碳排放权交易配额总量设定与分配实施方案（发电行业）》，它涵盖了电力行业的 2 162 家重点单位，覆盖约 45 亿吨碳排放量，使中国碳市场成为全球规模最大的碳市场。全国碳市场在国家层面统一控制不同行业的二氧化碳减排程度，并根据国家低碳发展目标和完成国家自主碳减排贡献（INDC）要求，考虑行业碳减排潜力和成本等因素，确定行业基准值、行业历史强度下降率。全国碳市场初期仅考虑免费配额分配方式，采取标杆法和历史强度法的配额分配方法。自 2021 年 7 月 16 日全国碳市场正式启动上线交易以来，截至 2022 年 2 月底，碳配额累计成交量达 1.87 亿吨，累计成交额为 80.76 亿元。2021 年 7 月 16 日首日开盘价 48 元/吨，2022 年 2 月 28 日收盘价为 57.7 元/吨，碳配额价格稳定上升。全国碳市场目前处于起步阶段，还存在一些问题，比如缺乏完整的法律法规体系，同时全国碳市场所覆盖的行业比较单一，只包含电力行业，其余高耗能行业没有被纳入全国碳市场中，市场环境也没有完全成熟。因此在这样的情况下，要充分深入摸索试点碳市场的建设运行并总结经验，为优化完善全国碳市场提供借鉴。

3.2 中国出口绿色技术含量现状分析

由于并没有直接的指标和数据可以反映中国整体的出口绿色技术含量，无法直接从中国宏观层面对出口绿色技术含量的变化与现状进行分析。出口绿色技术含量是出口技术含量的延伸，它包含了出口技术含量和绿色发展程度。通过分析中国出口贸易方式和出口商品的结构则可以在一定程度上反映出口技术含量的变化，通过分析中国能源消耗和污染排放，则能体现中国整体的绿色发展程度。基于此，本研究从中国的出口贸易方式、出口商品结构、能源消费和污染排放出发，通过分别分析它们的现状特征来侧面反映中国出口绿色技术含量的变化情况。

3.2.1 出口贸易方式

改革开放之前中国出口贸易体量较小，且对中国经济增长的贡献不大，而 1978 年改革开放后，中国的进出口贸易量呈现指数级增长，对中国经济也有着重要的影响。图 3 -4 为中国 1980 年至 2020 年进出口贸易变化情况。由图 3 -4 可知，除了在 2015 年和 2016 年有所波动外，中国的进出口、出口和进口总额在 1980 年到 2020 年间都在显著上升。中国的进出口贸易总额从 1980 年的 381.4 亿美元增长到 2020 年的 46 559.1 亿美元，增长了约 122 倍，位居世界第一。中国的出口额从 1980 年的 181.2 亿美元增长到 2020 年的 25 899.5 亿美元，增长了约 143 倍。中国占世界出口额的比重也在不断上升，由 1980 年的 0.9% 上升到 2020 年的 14.7%，出口贸易额占比排名由 1980 年的第 26 名提升到 2009 年的第 1 位，随后一直在世界出口贸易额占比排名中稳居第一。与此同时，中国的出口总额逐渐高于进口总额，说明贸易顺差也在不断增大，由 1980 年的 -19 亿美元上升到

2020 年的 5 239.9 亿美元。图 3－5 为中国 1980 年至 2020 年出口依存度的变化情况，出口依存度为出口总额与 GDP 之比。由图 3－5 可知，中国的出口依存度从 1980 年开始便逐渐增加，说明中国的经济发展逐渐开始依赖于中国的出口发展。2006 年中国的出口依存度已经到达最高值，为 35.4%，随后便开始下降，2020 年为 17.6%。这也说明中国的出口型导向经济特征正在发生变化，随着国际贸易摩擦的不断增加，中国正在积极调整外贸结构，对出口贸易进行转型升级，提高出口质量。

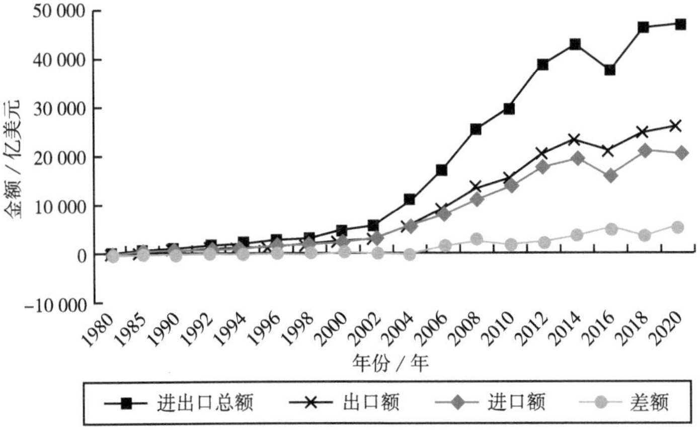

图 3－4 1980—2020 年中国进出口贸易

数据来源：《中国统计年鉴》。

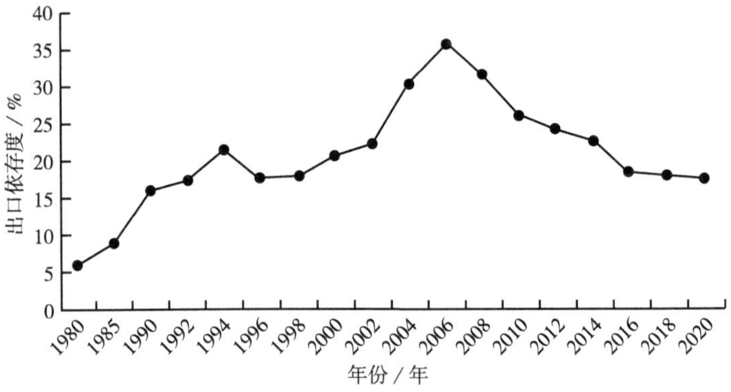

图 3－5 1980—2020 年中国出口依存度

数据来源：《中国统计年鉴》。

改革开放初期，中国的出口贸易方式主要以一般贸易为主、加工贸易和其他贸易为辅，图 3－6 显示了 1981 年至 2020 年中国三种出口贸易方式的出口额变化情况，图 3－7 为三种出口贸易方式的占比变化情况。由图 3－6、图 3－7 可知，1981 年中国一般贸易的出口额为 208 亿美元，加工贸易出口额为 11.3 亿美元，一般贸易出口额占比达到了 94.5%，加工贸易出口额占比为 5%。随着改革开放的逐渐深入，中国凭借劳动力优势，逐渐成为了世界工厂，因此加工贸易呈现强势的上升趋势。故一般贸易出口额占比逐渐降低，加工贸易出口额占比逐渐升高，随后中国的出口贸易方式便以加工贸易为主。2008 年环球金融危机后，外需出现不足，并且伴随国际贸易摩擦的增加，以及绿色低碳发展的要求，为了突破国际贸易壁垒，提升中国在全球价值链中的地位，中国改变了出口商品结构，转变了出口贸易方式。一般贸易出口额和其所占比重也在逐渐提升，到了 2020 年，中国一般贸易出口额为 15 369 亿美元，其所占比重为 59.3%，而加工贸易出口额为 7 024 亿美元，占比 27.1%。

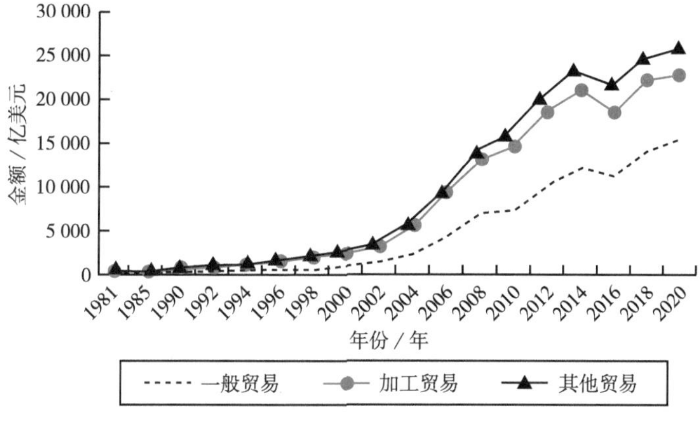

图 3－6　1981—2020 年中国出口贸易方式

数据来源：《中国统计年鉴》。

综上所述，中国出口规模在逐渐加大的同时，中国也由加工贸易为主、一般贸易为辅转向了以一般贸易为主的出口贸易方式。而一般贸易的技术含量远远大于加工贸易，这也正好说明在绿色低碳发展的要求下，为了突破国际贸易壁垒，提升在全球价值链中的地位，我国正在积极转变出口贸易方式，不断提升出口技术含量。

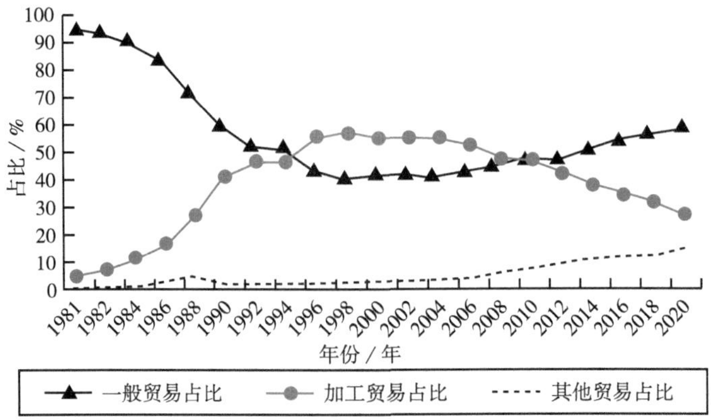

图 3-7　1981—2020 年中国出口贸易方式占比

数据来源：《中国统计年鉴》。

3.2.2　出口商品结构

3.2.2.1　初级产品和工业制成品

根据《国际贸易分类标准》，出口商品可以分为初级产品和工业制成品，工业制成品比初级产品更具有技术含量。通过分析这两类商品的出口变化情况，可以大致了解中国的出口商品结构的变化。图 3-8 是中国 1980 年至 2020 年两类商品占比的变化情况，由图 3-8 可知，1980 年到 1985 年之间，中国出口的初级产品占比和工业制成品占比相差不大。在 1986 年之后，中国出口商品结构开始发生变化，工业制成品占比超过了初级产品占比，工业制成品成为中国出口贸易增长的重要部分，并且两类商品所占出口比例差距正在逐渐拉开。2001 年中国工业制成品出口占比首次超过 90%，而初级产品出口占比不足 10%。到了 2020 年，中国工业制成品出口额为 24 743.2 亿美元，占比接近 96%。这说明中国在出口贸易规模逐渐扩大的同时，出口商品结构也在不断优化，商品的技术含量也在不断提升，中国已经成为主要以工业制成品为出口商品类型的国家。

工业制成品按照技术含量不同也可以分为五类。为了清晰地比较中国工业制成品的结构变化，本研究绘制了中国 1980 年至 2020 年五类制成品出口额和所占工业制成品总额比例的变化情况，如图 3－9 和图 3－10 所示。由图 3－9 可知，在 1980—2020 年间，除了未分类的其他产品出口额变化不大之外，其余四类产品总体上都呈现出了显著的上升。最具有技术含量的机械及运输设备类制品的出口额最高。同时它的上升幅度也最大，从 8.4 亿美元增加至 12 578.9 亿美元。由图 3－10 可知，未分类的制成品的出口占比在 1980 年至 1985 年之间略有起伏，但之后一直接近 1%。按原料分类的制成品、化学成品及有关成品和杂项制品的出口占比总体上呈现出下降的趋势，分别从 1980 年的 44.4%、12.4% 和 31.5% 下降到 2020 年的 17.5%、6.8% 和 23.6%。而机械及运输设备类制品的出口占比从 1980 年的 9.3% 上升到 2020 年的 50.8%，这也就说明机械及运输设备类制品已经成为中国工业制成品出口的主要产品，中国在出口商品时，正逐渐侧重出口技术含量高的商品，产品的出口技术复杂度也正在不断提高。

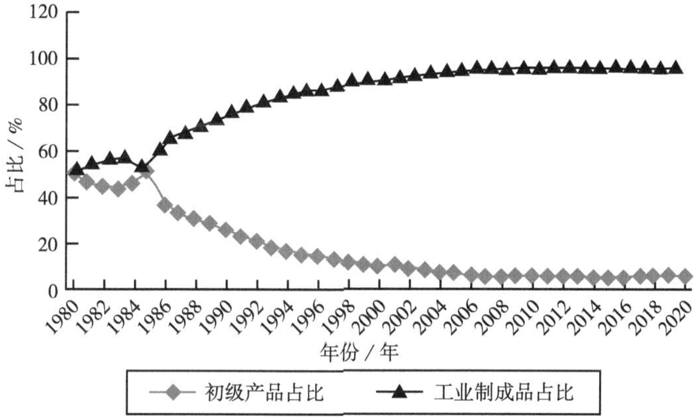

图 3－8　1980—2020 年中国出口商品占比

数据来源：《中国统计年鉴》。

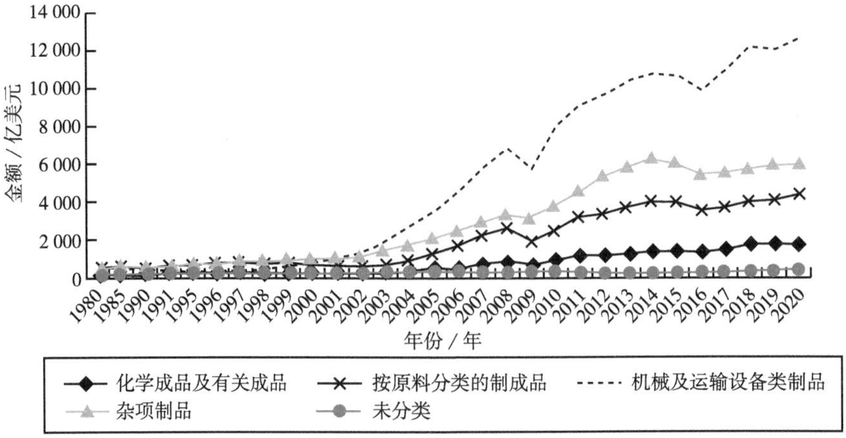

图3-9　1980—2020年中国各类制成品出口额

数据来源：《中国统计年鉴》。

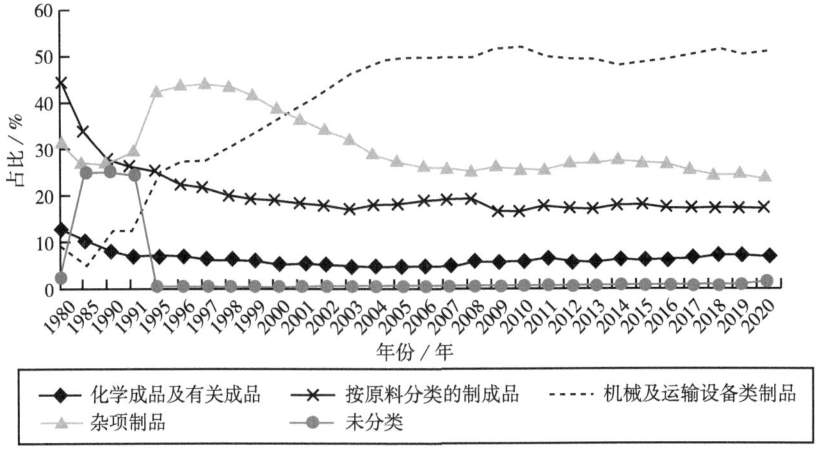

图3-10　1980—2020年中国各类制成品出口占比

数据来源：《中国统计年鉴》。

3.2.2.2　高技术产品出口贸易变化情况

为了进一步验证中国倾向出口高质量产品这一经验事实，本研究根据相关数据绘制了高技术产品出口额与其所占工业制成品出口总额的比例变化情况图，如图3-11和图3-12所示。从图3-11可知，在1995年至2018年间，从绝对数量上来看，随着中国工业制成品出口总额的不断增加，高技术产品出口额也在逐年增加。虽然其在 2009 年、2015 年和 2016 年这三年间受国际形势影响有所回落，但总体仍然呈现上升趋势。上述结果是从绝对数量角度来说，接下来再从相对占比情况来反映高技术产品的出口情况。根据图 3－12，从中国高技术产品出口额占工业制成品出口总额的份额来看，其占比总体上也呈现上升趋势，在 1995 年占比为 7.9%，到 2004 年已经上升到约 30%，随后便一直稳定在 30% 左右。这也说明了中国注重高质量发展，正在不断增加高技术产品的出口，在提升出口数量的同时也在提升出口质量，正在由贸易大国迈向贸易强国。

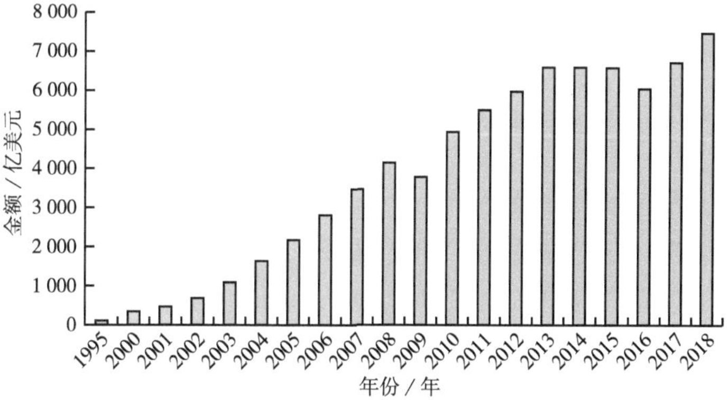

图 3－11　1995—2018 年中国高技术产品出口额

数据来源：《中国科技统计年鉴》。

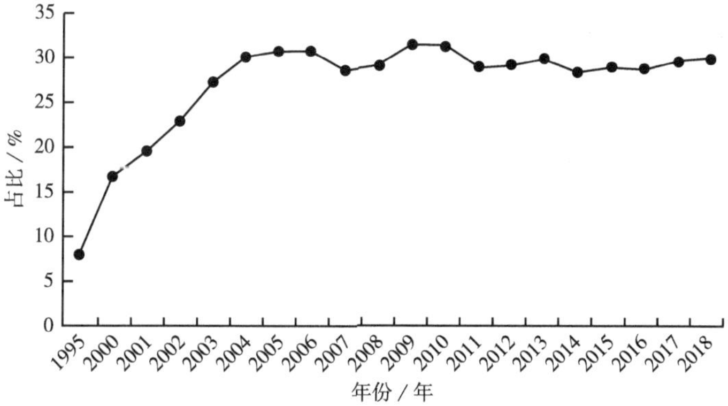

图 3－12　1995—2018 年中国高技术产品出口占比

数据来源：《中国科技统计年鉴》。

通过上述分析可知，中国的出口在改革开放初期以加工贸易为主，主要生产初级产品，为了经济高质量发展的需要，中国出口逐渐转变为技术含量更高的一般贸易，生产工业制品为主，同时中国的高技术产品出口贸易额和占比也在不断增大，说明中国的出口技术含量在逐渐提升。中国出口绿色技术含量包括出口技术含量和污染程度，那么中国出口技术含量提升的同时，其污染程度如何，中国是否以粗放型出口发展为主，接下来分析中国的能源消费和污染排放现状。

3.2.3　中国能源消费和污染排放现状

3.2.3.1　中国能源消费现状

能源是经济发展中重要的生产投入资源，中国的经济发展伴随着大量的能源消耗。图 3－13 是 1980 年至 2019 年中国一次能源生产总量和能源消费总量的变化情况。可以发现，进入 21 世纪以来中国的一次能源生产总量和能源消费总量都在大幅上升。中国 2019 年的一次能源生产总量已经达到 357 130 万吨标准煤，远远高于 1980 年，这说明由于经济发展的需要，中国的一次能源开采量在逐渐加大。与此同时，中国的能源消费总量也在飞速上升。2019 年中国能源消费总量已经达到 447 597 万吨标准煤，与 1980 年相比，年均增长 17%，这就说明了中国的能源需求在不断扩大。与此同时，中国一次能源生产总量和消费总量的差额也在不断拉大，能源需求与供给的矛盾开始凸显，为了不在能源需求问题上受制于进口，中国需要摆脱经济发展对于能源的依赖程度，并提高能源使用效率，改善能源消费结构。图 3－14 显示了中国 1985 年至 2019 年工业能源消费总量和其在中国总能源消费总量中的占比变化情况。由图 3－14 可以看出，2002 年之后中国工业能源消费总量增长迅速，这是由于中国加入 WTO 之后，剧烈增长的出口需要消耗大量能源。到了 2019 年，中国工业能源消费总量为 322 503 万吨标准煤，相较于 1985 年增长了 6.3 倍。1985 年至 2019 年间，中国工业能源消费占比一直处在 60% 到 80% 之间，中间略有起伏，到了 2019 年，中国工业能源消费占比为 72.1%。这就说明中国的能源消费主要集中在工业部门，中国的工业化发展消费了大量的能源。

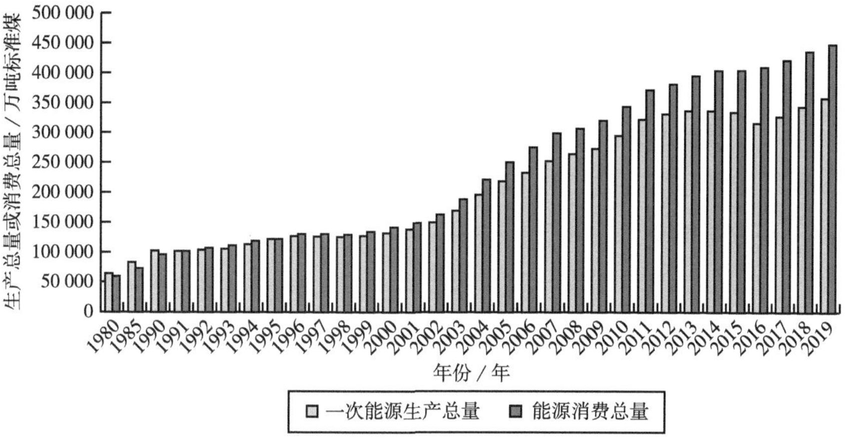

图 3－13　1980—2019 年中国能源生产和消费情况

数据来源：《中国能源统计年鉴》。

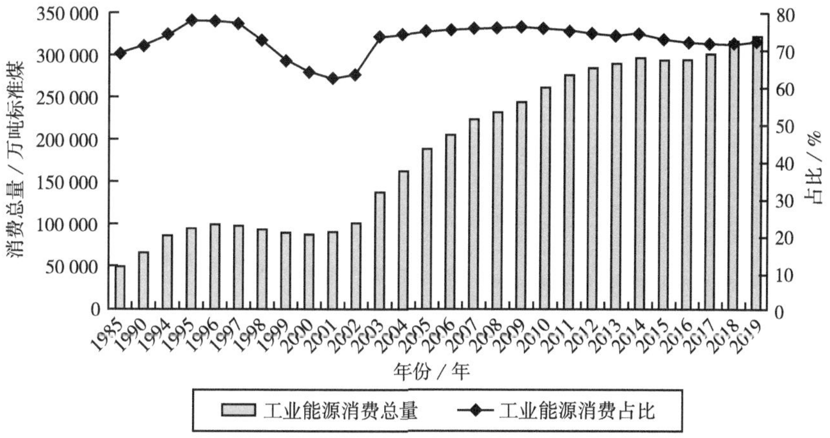

图 3－14　1985—2019 年中国工业能源消费情况

数据来源：《中国能源统计年鉴》。

中国的煤炭储量较为丰富，可开采的无烟煤、烟煤、褐煤和亚烟煤总量接近1 100亿吨，排名全球第三。加之可再生能源技术水平和成本的限制，中国的能源消费主要以煤炭和石油为主。图3－15是1980年至2019年中国能源消费结构的变化情况，由图3－15可知，中国的煤炭在能源消费总量中的占比处于较高水平，在2014年之前其占比一直高于70%，2006年之后煤炭消费占比便呈现下降趋势，2019年煤炭消费占比为62.8%，这可能是因为大量的煤炭消费产生了大量污染，对生态环境造成了破坏，对此中国加强了环境规制强度，注重提高能源效率，限制了煤炭消费，使煤炭消费占比降低。清洁能源消费占比不高，但仍旧呈上升趋势，2019年清洁能源消费占比已经接近20%。这可能是中国近年来加大了在可再生能源领域的研发投入，使整个产业的技术创新能力得到了显著提升，部分技术水平已经位于国际顶端，由技术效应提升带来的规模效应使中国的太阳能光伏和风能产业的生产规模跃升至全球第一。总体来说，中国的能源消费结构仍以煤炭和石油为主，但其结构正在不断优化，表明中国的经济发展方式正从粗放型发展模式转向集约型发展模式。

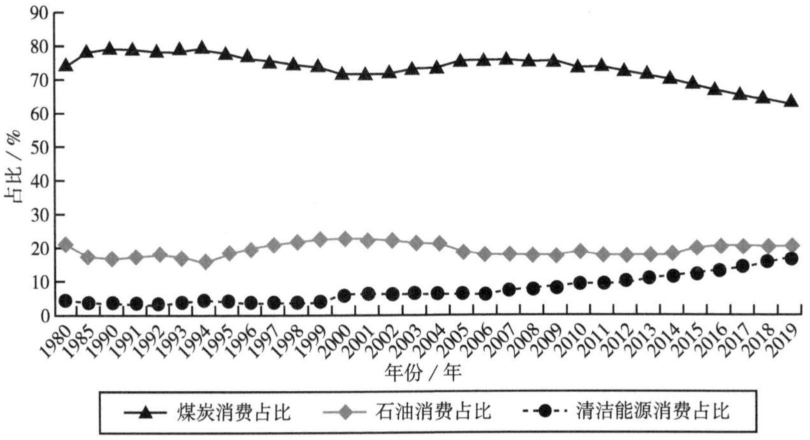

图3－15　1980—2019年中国能源消费结构

数据来源：1980—2019年的《中国能源统计年鉴》。

3.2.3.2　中国污染排放现状

我国出口规模日益扩大的同时也消耗了大量的能源，从而产生了大量的污染排放。图 3－16 显示的是中国 1993 年至 2019 年间主要污染物的排放情况，由图 3－16 可知，中国工业化学需氧量的排放量在 2007 年之前一直高于 500 万吨，随后呈现下降趋势。中国的二氧化硫排放量在 2006 年时达到顶点，环境规制的日益严格降低了二氧化硫的排放量。2019 年中国的二氧化硫排放量为 457.3 万吨，相比于 2006 年下降了 2 131.5 万吨。而中国的二氧化碳排放量从 1993 年到 2019 年间却一直呈现上升趋势。由 1993 年的 26.3 亿吨上升到 2019 年的 1 017 亿吨，目前没有达到峰值，达峰压力较大。根据中国的“双碳”目标，中国碳达峰时间为 2030 年，中国目前也在实行各类碳减排政策以助“双碳”目标的实现。中国的污染物排放量虽然在减少，但仍旧对生态环境造成了很大的影响。在 2013 年，发生过酸雨的中国城市数量多达 252 个，占比超过了 50%，酸雨 pH 值低于 4.5 的强酸城市占比约为 26.5%，酸雨 pH 值介于 4.5～5 的城市占比约为 15.3%；酸雨 pH 值介于 5～6.5 的城市占比约为 14.5%。二氧化碳的大量排放也会引发洪涝和干旱等多种自然灾害，比较典型的是中国南方地区 2008 年发生的特大雪灾，这就是典型的气候变化引起的自然灾害。从影响范围和持续时间来看属于百年一遇，对中国电力和交通领域产生了很大的影响，受灾人数超过 1 亿。

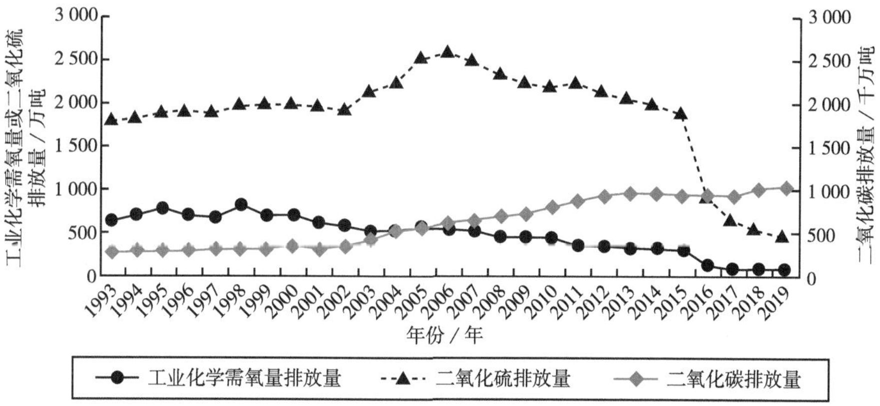

图 3－16　1993—2019 年中国三大污染物排放情况

数据来源：1993—2019 年的《中国环境统计年鉴》。

3.2.3.3 小结

总体来说，改革开放以来，中国出口贸易依靠工业化的粗放型发展模式，在绝对数量上实现了快速增长。但中国工业在发展过程中排放了大量的污染物，从而产生了一系列的环境问题。但随着中国实施的环境规制强度逐渐增大，中国的能源消耗和污染排放在经历过短期内的快速增长后总体上呈现下降趋势。而中国的出口贸易方式和出口商品结构的变化表明了出口技术含量水平处在上升过程中。出口技术含量在不断提升而污染排放和能源消耗却在不断降低的现状特征，侧面反映出中国的出口绿色技术含量水平呈上升趋势。但中国的碳排放压力仍然较大，中国出口商品也并没有处于全球价值链顶端，中国的出口绿色技术含量仍有进一步提升的空间。随着全球环境问题凸显，气候变化加剧，低碳经济成为世界主流的发展方式，中国也有必要改变传统的粗放型发展模式，在出口贸易上进行低碳经济转型，提升出口绿色技术含量，以便保持绿色竞争力，从而在国际市场上处于有利的竞争地位。

3.3 碳交易试点政策与出口绿色技术含量的关联性描述

上文分别介绍了碳交易试点政策与出口绿色技术含量的现状特征，接下来本研究从宏观层面介绍碳交易试点政策与出口绿色技术含量的关联性。由于难以获得可以直接代表省级层面的出口绿色技术含量的具体指标和数据，本研究通过碳交易试点地区和非试点地区的出口技术含量和碳排放量对比，来分析碳交易试点政策与出口绿色技术含量在宏观层面的关联性。

为了测算中国省级层面的出口技术含量，本研究借鉴 Hausmann 等（2007）和孙志娜（2020）的方法对中国各省（市）出口技术含量进行了测算。测算过程包括两步，第一步是采用式（3.1）测算各省（市）贸易出口分项中某一种商品的出口技术含量，第二步是在第一步的基础上采用式（3.2）测算某一省（市）总体的出口技术含量。

$$prody_k = \sum_i \frac{x_{ik}/X_i}{\sum_i x_{ik}/X_i} Y_i \tag{3.1}$$

$$exsp_i = \sum_k \frac{x_{ik}}{X_i} prody_k \tag{3.2}$$

式（3.1）中，下标 i 代表省（市），k 代表出口商品，$prody_k$是商品 k 的出口技术含量，X_{ik}是省（市）i 商品 k 的出口额，X_i是省（市）i 的商品出口总额，Y_i为省（市）i 的人均 GDP。式（3.2）中，$exsp_i$是省（市）i 的出口技术含量。随后，本研究将中国 32 个省（市）分为两组，分别为碳交易试点地区组和非碳交易试点地区组，计算得到了两组的出口技术含量均值，并绘制了 2003—2016 年中国碳交易试点地区与非碳交易试点地区出口技术含量变化情况图，如图 3－17 所示。由图 3－17 可以看到，两组地区的出口技术含量均值从 2003 年到 2016 年间均是呈现上升趋势，这与上文的分析结果相同，表明了中国的出口技术含量是在不断提升的。非碳交易试点地区的出口技术含量均值上升较为平稳，而碳交易试点地区的出口技术含量均值在 2011 年出现了快速上升，上升幅度高于非碳交易试点地区，而 2011 年也正是碳交易试点政策宣布启动的时间点，试点地区的高碳行业出口会受到限制，迫使其进行产品升级，从而反映在宏观层面的出口技术含量上。因此，碳交易试点政策的宣布实施可能对试点地区的出口技术含量产生了正向影响，使非试点地区和试点地区的出口技术含量均值上升幅度出现了显著的不同。

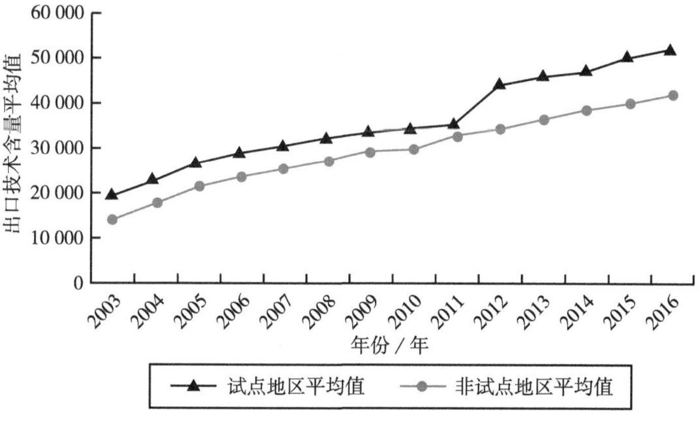

图 3－17　2003—2016 年试点与非试点地区出口技术含量变化情况

接下来，本研究分析试点地区和非试点地区碳排放量的变化差异情况。由于现有的省级层面碳排放数据没有公开，因此本研究中各个省（市）二氧化碳排放量是基于 Tian 等（2019）所使用的方法，利用各省（市）的终端能源消费量计算得到，具体计算公式如式（3.3）所示。

$$CE = \sum_{n=1}^{8} CE_n = \sum_{n=1}^{8} E_n \times NCV_n \times CEF_n \times COF_n \times \frac{44}{22} \tag{3.3}$$

式（3.3）中，CE 是各个省（市）的二氧化碳排放量，n 的取值为 8，是指 8 种主要的能源燃料。E、NCV、CEF 和 COF 分别为能源燃料的燃烧消费量、平均低位发热量、碳含量和碳氧化因子。各能源燃料的碳排放系数如表 3－4 所示。

表 3－4　各种化石燃料的碳排放系数

燃料类型	燃烧消费量	平均低位发热量/（kgC/GJ）	碳含量	碳氧化因子
煤炭	20 908kJ/kg	25.8	0.913	0.493tC/t
焦炭	28 435kJ/kg	29.2	0.928	0.771tC/t
原油	41 816kJ/kg	20	0.979	0.819tC/t
汽油	42 652kJ/kg	20.2	0.982	0.846tC/t
煤油	41 816kJ/kg	21.1	0.985	0.869tC/t
柴油	43 070kJ/kg	18.9	0.98	0.798tC/t
燃料油	43 070kJ/kg	19.5	0.986	0.828tC/t
天然气	38 913kJ/m^3	15.3	0.99	0.589tC/m^3

测算出中国各省（市）的碳排放量后，本研究绘制了 2008—2018 年中国碳交易试点地区与非碳交易试点地区的碳排放量变化情况图，如图 3－18 所示。从图 3－18 中可以看出，2008 年至 2018 年间，非碳交易试点地区的碳排放量均值在不断增加，没有达到峰值，与前文分析结论相同，中国的碳排放量在不断上升，具有一定的碳达峰压力。但与此相对的是，试点地区的碳排放量均值在 2011 年已经达到峰值，随后呈现下降趋势。这就说明 2011 年宣布实施的碳交易试点政策抑制了试点地区的碳排放量。因此，从碳减排实施效果来看，碳交易试点政策在中国碳排放量的减少方面取得了一定的效果。

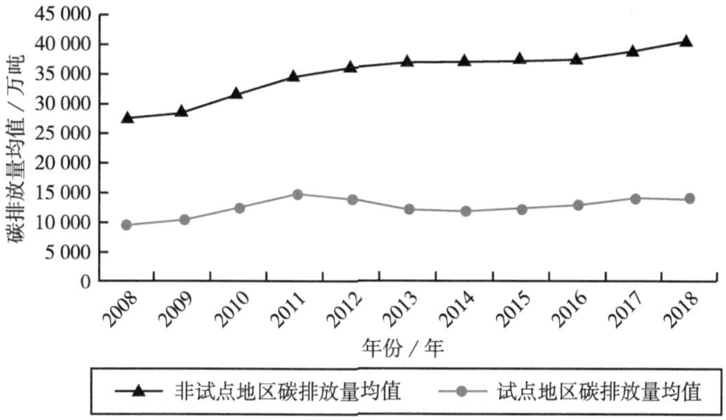

图 3－18　2008—2018 年试点地区与非试点地区碳排放量均值变化情况

本研究基于相对宏观的视角，分别分析了碳交易试点政策与中国省级层面的出口技术含量和碳排放量的关联性，结果发现碳交易试点政策确实对试点地区的出口技术含量和碳排放量有一定的正向影响效果。这也能从侧面印证出碳交易试点政策可以迫使试点地区的出口绿色转型升级，从而对出口绿色技术含量产生一定的正向影响。虽然还存在许多干扰因素，不能直接判断碳交易试点政策与出口绿色技术含量的关系，但本研究为后文研究碳交易试点政策对企业出口绿色技术含量的影响提供了初步的宏观层面的经验证据，后文将采用企业数据，通过双重差分法来实证研究二者的关系。

3.4

本章小结

首先，本章对碳排放权交易的起源、欧盟碳市场、北美地区的碳市场、大洋洲和亚洲地区的碳市场的现状进行了简要介绍，随后对中国碳交易试点政策的启动背景、政策设计和交易情况进行了描述。发现不同试点地区的政策设计存在不同，这些政策设计的不同很有可能会对企业的出口绿色技术含量产生不同的影响。从试点地区的累计碳交易额和累计碳交易量来看，湖北碳市场和广东碳市场共计占到了全国的 60% 以上。而从碳交易价格来看，试点地区的碳价均有上升趋势，北京碳市场的碳价最高，2020年均价已经达到89.49元/吨，说明北京碳市场的活跃度很高。

其次，鉴于无法直接获得中国宏观层面的出口绿色技术含量数据，本章对中国的出口贸易方式、出口商品结构、能源消费和污染排放现状进行分析，以此侧面反映出口绿色技术含量的变化特征情况。研究发现，中国的出口贸易规模正在不断扩大，以一般贸易方式为主、加工贸易为辅，中国经济发展对于出口贸易的依赖性正在逐渐减弱。中国出口贸易规模在逐渐扩大的同时，其出口商品结构也在不断优化，当前主要以工业制成品出口为主，且高技术产品出口占工业制成品出口的比重总体也呈现上升趋势。这就说明中国在提升出口数量的同时也在注重出口技术含量的提升，中国正在由贸易大国迈向贸易强国。与此同时，出口贸易的发展也消耗了中国的能源，中国的能源消费主要集中在工业部门，以煤炭消费为主，因而产生了比较严重的污染。中国也采取了许多环境规制对污染进行治理，使能源消耗和污染物排放呈现下降趋势。综合中国出口技术含量的上升和污染物排放的下降趋势来看，中国整体层面上的出口绿色技术含量是逐步呈增加趋势的。但随着气候变化加剧，中国面临碳达峰以及碳中和的压力，中国仍需要在出口贸易上进行绿色低碳经济转型，增加出口绿色技术含量，以便保持绿色竞争力，从而在国际市场上处于有利的竞争地位。

最后，本章对碳交易试点政策和出口绿色技术含量的关联性进行了描述。从结果上来看，其影响是直观的，从宏观视角来看，碳交易试点政策可以有效促进试点地区的出口技术含量和减少碳排放量，这也反映出碳交易试点政策可以在提升试点地区出口技术含量的同时减少碳排放量，即它会对出口绿色技术含量产生一定的正向影响，但这只是宏观层面的经验证据，为了在微观层面上验证碳交易试点政策对出口绿色技术含量的影响，需要运用企业层面数据和计量方法去进一步探究。因此，本书第4章将采用双重差分模型和一系列稳健性检验方法来实证检验碳交易试点政策对企业出口绿色技术含量的影响。

第4章

碳交易试点政策对出口绿色技术含量影响的实证分析

第3章分析了碳交易试点政策与出口绿色技术含量的关联性特征，直观上发现碳交易试点政策有可能对企业出口绿色技术含量产生正向影响。为了得到更为准确的证据，本研究在这一章中将构建可以有效缓解内生性问题的双重差分模型，利用上市企业的微观数据，实证研究碳交易试点政策对企业出口绿色技术含量的影响。随后通过平行趋势检验模型、倾向得分匹配法、工具变量法等一系列检验方法来保证本研究结果的稳健性。接着，本研究再利用中介效应模型来检验碳交易试点政策是否通过绿色技术创新和资源配置优化渠道来提升企业的出口绿色技术含量。

4.1 模型设定与数据来源

4.1.1 双重差分模型

一项政策在选择处理组和对照组时并非完全随机分配样本，学界将这种非完全随机分配的政策处理组和对照组的试验称为准自然试验。准自然实验最主要的特征是政策的处理组和对照组在政策执行之前，可能就存在系统性差异。如果忽视这种最初的系统性差异，所得到的估计结果很有可能因混杂了初始差异的影响，继而使结果产生偏差。Ashenfelter 和 Card

(1985) 首次引入双重差分模型来解决这个问题，双重差分法可以通过比较实验组与对照组在政策执行前后的差别来评估政策的影响，随后双重差分模型的应用逐渐得到越来越多的重视。因此，现有文献在对一项政策的影响效果进行评估时，大都使用可能有效缓解内生性问题的双重差分法。为了识别碳交易试点政策对企业出口绿色技术含量的因果效应，排除其他潜在因素的干扰，本研究通过双重差分模型来构建碳交易试点政策对中国上市企业出口绿色技术含量的影响模型，如式（4.1）所示：

$$lnegs_{it} = \alpha_0 + \alpha_1 pilot_i \times post_t + \alpha_2 X_{it} + \mu_i + \gamma_t + city * year + sector * year + \varepsilon_{it} \tag{4.1}$$

在式（4.1）中，下标 i 表示企业，t 表示时间。被解释变量 $lnegs_{it}$ 为企业 i 在 t 年的出口绿色技术含量的自然对数，$pilot_i$ 是取值为 0 或 1 的地区虚拟变量，它表示碳交易试点政策的实施地区，试点地区的企业取值为 1，非试点地区的企业取值为 0，后文将介绍试点企业和非试点企业的选择过程。$post_t$ 是时间虚拟变量，它表示碳交易试点政策的实施时间，本研究以 2011 年为政策实施节点，$post_t$ 取值为 1 表示政策实施后，$post_t$ 取值为 0 表示政策实施前。X_{it} 表示影响企业出口绿色技术含量的一系列控制变量，在后文将详细介绍控制变量的构成以及选取依据。μ 和 γ 分别表示企业固定效应和时间固定效应，$city * year$ 为城市时间趋势项，它可以消除随时间变化的城市层面潜在的混杂因素，$sector * year$ 为行业时间趋势项，它可以消除随时间变化的行业层面的混杂因素。ε 是受时间变化影响的随机误差项。通过双重交乘项 $pilot \times post$ 的系数显著性就可以分析碳交易试点政策对于中国上市企业出口绿色技术含量的影响效果，如果双重交互项 $pilot \times post$ 的系数显著为正，则说明碳交易试点政策可以有效促进企业出口绿色技术含量的提升。

4.1.2 平行趋势检验模型

平行趋势假设是指在碳交易试点政策不存在的情况下，实施碳试点政策地区的企业和未实施政策地区的企业的出口绿色技术含量的变化趋势是相同的，并不存在系统性的差异。本研究通过构建如式（4.2）所示的模型检验平行趋势假设，并对碳交易试点政策影响效果的持续性进行分析，判断碳交易试点政策对出口绿色技术含量的影响效果是不是逐年增强。

$$lnegs_{it} = \beta_0 + \sum_{t=2009}^{2016} \beta_t pilot_i \times d_t + \beta_1 X_{it} + \mu_i + \gamma_t + city * year + sector * year + \varepsilon_{it} \tag{4.2}$$

在式（4.2）中，d_t是时间虚拟变量（$t = 2009$，2010，……，2016），若年份为 2009 年，则 $d_{2009} = 1$，其余为 0，若年份为 2010 年，则 $d_{2010} = 1$，其余为 0，以此类推。在式（4.2）中，通过观察β_t的显著性变化和大小变化来检验平行趋势假设。检验通过的前提要求是β_{2009}和β_{2010}不显著，而β_{2011}与之后的系数是显著的。通过比较β_{2011}至β_{2016}的大小变化情况可以判断碳交易试点政策对企业出口绿色技术含量的影响效果是否逐年增强。式（4.2）中的控制变量都与前文基准双重差分模型中的控制变量保持一致。

4.1.3　影响机理检验模型

4.1.3.1　绿色技术水平的中介效应

作为市场型环境规制工具，碳交易试点政策将影响企业的资源分配、投资与研发行为（Albrizio et al.，2017），已有文献对碳交易试点政策能否产生波特效应进行了大量研究和验证，认为碳交易试点政策能够激励企业主动增加研发投入，提高企业的技术创新水平（刘晔和张训常，2017；Zhu et al.，2019）。那么碳交易试点政策是否可以通过提升企业绿色技术创新水平而促进企业出口绿色技术含量的提升，本研究将采用标准的中介效应模型来检验这一影响机制。本研究建立如式（4.3）至式（4.5）所示的中介效应模型。

$$\begin{aligned} lnegs_{it} = {} & \alpha_0 + \alpha_1 pilot_i \times post_t + \alpha_2 X_{it} + \mu_i + \gamma_t \\ & + city * year + sector * year + \varepsilon_{it} \end{aligned} \tag{4.3}$$

$$\begin{aligned} lngi_{it} = {} & \alpha_0 + \beta_1 pilot_i \times post_t + \beta_2 X_{it} + \mu_i + \gamma_t \\ & + city * year + sector * year + \varepsilon_{it} \end{aligned} \tag{4.4}$$

$$\begin{aligned} lnegs_{it} = {} & \alpha_0 + \lambda_1 pilot_i \times post_t + \lambda_2 gi_{it} + \lambda_3 X_{it} + \mu_i + \gamma_t \\ & + city * year + sector * year + \varepsilon_{it} \end{aligned} \tag{4.5}$$

其中，式（4.3）和式（4.1）是相同的，为一个基准 DID 模型，式（4.4）中被解释变量 $lngi_{it}$ 为各企业在各年份的绿色技术创新水平，本研究将在后文中详细介绍绿色技术创新水平的构建过程，其余变量设定与式（4.3）相同。式（4.5）在式（4.3）的基础上加入了 $lngi_{it}$，其余变量设定与式（4.3）仍相同。中介效应模型的检验步骤如下所示：首先对式（4.3）进行估计，如果式（4.3）中 α_1 不在 10% 的显著性水平下显著，中介效应模型检验不通过。但 α_1 在 10% 的显著性水平下显著，则继续对式（4.4）的回归方程进行估计。式（4.4）的目的是检验碳交易试点政策是否会对企业的绿色技术创新水平产生影响，如果 β_1 不在 10% 的显著性水平下显著，这就说明碳交易试点政策和绿色技术创新没有因果关系，中介效应模型检验不通过。如果 β_1 显著，继续估计式（4.5）的回归方程，若 λ_1 与 λ_2 都在 10% 的显著性水平下显著，说明绿色技术创新水平是碳交易试点政策提升企业出口绿色技术含量的中介变量，中介效应检验通过，且具有部分中介效应。如果 λ_1 不显著，但 λ_2 显著，说明绿色技术创新水平对碳交易试点政策提高出口绿色出口技术含量具有完全中介效应。

4.1.3.2 资源配置效率的中介效应

碳交易试点政策的市场化属性可以使生产资源由低效率企业流向高效率企业，从而影响企业的资源配置效率，再通过清洁企业的进入和重污染企业的退出来调整企业的出口产品结构，进而影响企业的出口绿色技术含量。那么，碳交易试点政策是否可以优化企业的资源配置效率从而促进出口绿色技术含量的提升？本研究将采用标准的中介效应模型来检验资源配置效率的中介效应。本研究建立如式（4.6）至式（4.8）所示的中介效应模型。

$$lnegs_{it} = \alpha_0 + \alpha_1 pilot_i \times post_t + \alpha_2 X_{it} + \mu_i + \gamma_t + city * year + sector * year + \varepsilon_{it} \tag{4.6}$$

$$rae_{it} = \alpha_0 + \beta_1 pilot_i \times post_t + \beta_2 X_{it} + \mu_i + \gamma_t + city * year + sector * year + \varepsilon_{it} \tag{4.7}$$

$$lnegs_{it} = \alpha_0 + \lambda_1 pilot_i \times post_t + \lambda_2 rae_{it} + \lambda_3 X_{it} + \mu_i + \gamma_t + city * year + sector * year + \varepsilon_{it} \tag{4.8}$$

其中，式（4.6）和式（4.1）是相同的基准 DID 模型，式（4.7）中被解释变量 rae_{it} 为各企业在各年份的资源配置效率水平，本研究根据任胜钢等（2019）的研究，选择利用企业的资本配置效率来衡量企业的资源配置效率，本研究将在后文中详细介绍资本配置效率的测算过程。式（4.8）在式（4.1）的基础上加入了 rae_{it}，其余变量设定与式（4.1）仍相同。本研究采用逐步回归法对中介效应模型进行检验，具体的检验过程与上文相同，此处不再赘述。

4.1.4　机器学习模型

4.1.4.1　基于 LightGBM 算法的 PSM - DID

为了进一步确保实证结果的准确性，本研究采用机器学习法来估计碳交易政策对企业出口绿色技术含量的直接影响效应。首先，本研究基于 LightGBM 模型计算倾向得分。考虑到企业“是否”及“如何”参与碳市场由人力资本、管理实践和技术水平等公司特征和外部环境的变化所决定，导致研究样本可能存在自我选择，传统回归模型无法纠正这种内生性问题。为此，本研究采用倾向得分匹配法。在倾向性得分匹配中，倾向性得分的计算本质上是计算样本被分配到处理组的概率，这实际上是机器学习中的二元分类任务。大多数传统的倾向性评分是使用逻辑回归模型来计算的，但逻辑回归模型本质上是线性模型，在解释变量强相关时会表现出如信噪比低或高度非线性的底层结构特征，导致模型的预测性能显著降低（Christense et al.，2022），因此逻辑回归模型并不是二元分类任务概率的理想预测模型。考虑到上述情况，此处利用基于梯度提升决策树（Gradient Boosting Decision Tree，GBDT）算法的 LightGBM 模型来预测倾向性得分，这是机器学习中的一种前沿预测方法。

GBDT 无论是用于分类还是回归任务，都一直使用分类与回归树作为基学习器。在处理分类问题时，GBDT 借鉴了逻辑回归的思想，使用类似于逻辑回归的对数似然损失函数。这个过程通过将结果的概率值与真实概率值之间的差异视为残差来拟合。GBDT 二元分类预测的具体过程如下：

首先，初始化第一个弱学习器：

$$F_0(x) = \log\frac{P(Y=1 \mid x)}{1-P(Y=1 \mid x)} \tag{4.9}$$

其中，$P(Y=1 \mid x)$ 是训练样本中 $y=1$ 的比例。随后，建立 M 个分类回归树 $m=1, 2, \cdots\cdots, M$。

对于 $i=1, 2, \cdots\cdots, N$，计算 m 第一棵树的相应响应值（损失函数的负梯度）：

$$r_{m,i} = -\left\{\frac{\partial L[y_i, F(x_i)]}{\partial F(x)}\right\}_{F(x)=F_{m-1}(x)} = y_i - \frac{1}{1+e^{-F(x_i)}} \tag{4.10}$$

对于 i 的各种可能取值，用回归树对数据进行拟合，得到 m 的回归树。对应的叶节点区域为 $R_{m,j}$，其中，J 为第 m 棵树的叶节点数。

对于每个叶节点区域计算最佳拟合值：

$$C_{m,j} = \frac{\sum x_i \in R_{m,j} r_{m,j}}{\sum x_i \in R_{m,j} r_{m,j}(y_i - r_{m,j})(1 - y_i + r_{m,j})} \tag{4.11}$$

将强学习器更新为：

$$F_m(x) = F_{m-1}(x) + \sum_{j=1}^{J_m} C_{m,j} I(x_i \in R_m, j) \tag{4.12}$$

最终的强学习器是：

$$F_M(x) = F_0(x) + \sum_{m=1}^{M}\sum_{j=1}^{J_m} C_{m,j} I(x_i \in R_m, j) \tag{4.13}$$

类似于逻辑回归的思想，二元分类的 GBDT 算法使用一系列的梯度提升树来拟合对数概率，即事件发生的概率与不发生的概率的对数比值，其分类模型可以表示为：

$$P(Y=1 \mid x) = \frac{1}{1+e^{-F_m(x)}} \tag{4.14}$$

Januschowski 等（2022）认为集成提升树模型（尤其是 LightGBM 模型）的预测性能主要是由于其充分捕捉非线性关系和鲁棒的参数调整策略。基于 GBDT 算法，LightGBM 模型采用直方图算法、梯度单边采样和独占特征绑定技术，使其在处理具有高特征维度数据、分类特征数据或高维稀疏数据时仍然具有良好的二元分类预测性能（Ke et al.，2017）。LightGBM 模型能够进行特征分类的优势，进一步提高了处理组企业倾向性得分的准确性。计算好倾向得分后，本研究再重新选择控制样本，随后基于式（4.1）进行回归估计。

4.1.4.2　GRF 模型

本研究利用 GRF 模型检验碳交易影响企业出口绿色技术含量的异质性效应。Athee 等（2019）提出的 GRF 模型不仅适用于分位数回归和异质性处理效应估计，也可直接用于面板数据分析。此处使用 GRF 算法来构建因果森林，以估计条件平均处理效应。

$$\tau(X) = E[Y(T=1) - y(T=0) \mid X = x] \tag{4.15}$$

在式（4.15）中，Y 是结果变量，T 表示治疗组和对照组的分配，以协变量 X 为条件。与传统的随机森林模型相比，因果树的分裂规则从关注节点的最小预测误差变为关注节点之间的最大差异。这实际上是治疗效果的异质性。分裂标准如式（4.16）所示：

$$\Delta(C_1,C_2) = \frac{n_{C_1},n_{C_2}}{n_P^2}(\hat{\theta}_{C_1} - \hat{\theta}_{C_2})^2 \tag{4.16}$$

D_1，D_2 是父节点的两个子节点 D。$\frac{n_{C_1},\ n_{C_2}}{n_P^2}$用于平衡样品尺寸差异。$\hat{\theta}_{C_1} - \hat{\theta}_{C_2}$表示子节点的处理效果，划分准则为最大化 $\Delta(C_1,\ C_2)$。

基于 Nie 和 Wager（2021）、Athee 等（2019）使用的“r－learner”函数，将因果树生成为一块广义随机森林，然后获得权重，异质处理效果的最终估计采用以下形式：

$$\hat{t} = \frac{\frac{1}{n}\sum_{i=1}^{n}[Y_i - \hat{m}^{(-i)}(X_i)][Z_i - \hat{e}^{(-i)}(X_i)]}{\frac{1}{n}\sum_{i=1}^{n}[Z_i - \hat{e}^{(-i)}(X_i)]^2} \tag{4.17}$$

在式（4.17）中，$\hat{e}^{(-i)}(X_i) = P(Z_i \mid X_i = x)$ 表示个体的倾向分数值，它表示 i 在给定协变量 X_i 的情况下接受处理的概率。（$-i$）是袋外估计。

$\hat{m}^{(-i)}$（X_i）$= E$（$Y_i \mid x = X_i$）表示当协变量为 X_i 时，Y_i 的预测值，而 $Z_i - \hat{e}^{(-i)}(X_i)$ 是在移除变量 X_i 的效应后的正交化估计。根据 Knittel 和 Stolper（2021）的做法，此处使用 GRF 估计处理效应的步骤如下：

1. 从样本集中随机提取样本子集和特征子集。

2. 根据50%的比例，将样本子集划分为训练集和估计集。

3. 使用训练集样本根据分割标准构建因果树。

4. 根据协变量特征，将估计集样本与构建的因果树根据相似度进行匹配。

5. 计算每个叶节点中的个体处理效应以及单棵树中的树权重。

6. 计算每棵树的个体处理效应，并根据权重的最终加权平均值得到每个个体的平均处理效应。

本研究将使用Athey等（2019）开发的基于R编程语言的“grf”包，来进行广义随机森林建模。在本研究的异质性分析中，利用描述异质性变量与个体条件平均处理效应（Conditional Average Treatment Effect，CATE）之间的关系，探索不同企业内部和外部特征下碳市场影响效应的异质性。

4.1.5 样本选择与数据来源

4.1.5.1 样本选择

为了实证检验碳交易试点政策对上市企业出口绿色技术含量的影响，本研究所选择的样本研究时间为2003年至2016年，没有选择研究到最新年份时间的原因主要在于：第一，在测算企业层面的出口绿色技术含量指标时会使用到企业的出口额和企业的财务数据。企业出口额数据来源于中国海关数据库，中国海关数据库中详细记录了企业的进出口等相关贸易数据。企业的财务数据来源于国泰安数据库。本研究将这两大数据库进行整合匹配后可以得到上市企业的出口额数据。但由于中国海关数据库在企业层面的出口额公开数据只到2016年，没有到最新年份，企业出口额数据是本研究测算被解释变量的关键数据，由于数据获取限制，本研究的研究时间只能截止到2016年。第二，2017年我国政府发布了《全国碳排放权交易市场建设方案（发电行业）》，虽然它没有纳入除电力行业外的其他高能耗行业，但这一行为也标志着全国碳市场的正式启动。全国碳市场的正式启动有可能对本研究试点碳市场的实施效果产生干扰，为了更好地使用计量方法识别碳交易试点政策对企业出口绿色技术含量的影响，排除全国碳市场启动的潜在影响，本研究的样本研究时间选择为 2016 年也较为合适。

为了在研究碳交易试点政策对上市企业出口绿色技术含量影响的同时，也可以控制企业财务信息，更好地识别试点政策的净影响，也更容易进一步将企业进行分类，实现异质性分析。本研究需要将中国海关数据库与国泰安数据库进行匹配。在匹配中国海关数据库与国泰安数据库时，本研究参照金祥义和戴金平（2019）的研究，首先将两个数据库中的样本按企业名称进行匹配，得到匹配成功的样本。接着，本研究将上述匹配过程中没有匹配成功的样本依次按企业地址、法定代表人、邮政编码和企业电话后 7 位进行进一步的匹配，随后得到匹配成功的样本。由于工业行业排放污染程度高，最容易受到碳交易试点政策的影响，并且上市公司中进行出口贸易最多的也多为工业企业，因此本研究参考任胜刚等（2019）的研究，在上述匹配过程中保留下来的样本中，删除非工业行业中的上市企业。剔除在样本期间内被实施特殊处理的企业（标记为 ST 或 * ST）。为避免极端值对研究结果产生干扰，本研究对样本数据进行了 1% 水平上的缩尾处理。在衡量企业绿色技术创新水平时，本研究使用到了企业的绿色专利被引数据。本研究首先手工搜集得到上市企业的专利被引数据，随后，根据世界知识产权组织公布的绿色专利分类号手工整理得到上市企业的绿色专利被引数据。专利被引数据来源于 Incopat 数据库。

4.1.5.2　变量定义

（1）解释变量：中国碳交易试点政策。本研究采用双重差分法实证研究碳交易试点政策与企业出口绿色技术含量之间的关系，碳交易试点政策由时间虚拟变量 $post_t$ 和地区虚拟变量 $pilot_i$ 进行交乘得到。其中，$pilot_i$ 是碳交易试点政策实施地区的虚拟变量，本研究根据 Zhu 等（2019）的研究，选择北京、天津、上海、广东、湖北、重庆和深圳为政策实施地区，处在这些地区的企业视为实验组，取值为 1，处在其他地区的企业视为对照组，取值为 0。$post_t$ 表示的是碳交易试点政策实施时间的虚拟变量，本研究根据刘晔和张训常（2017）、黄向岚等（2018）、Zhu 等（2019）和 Cui 等

（2021）的研究，选择 2011 年为碳交易试点政策的实施时间点，$post_t$取值为 1 表示的是政策实施后，$post_t$取值为 0 表示的是政策实施前。因此，$pilot_i$与 $post_t$的交乘项就代表着碳交易试点政策。

（2）被解释变量：出口绿色技术含量。Li 和 Lu（2018）在出口技术含量概念的基础上，给出口技术含量赋予了绿色内涵，从而提出了出口绿色技术含量，它是本研究重要的被解释变量，本研究将详细介绍其测算过程。由于本研究出口绿色技术含量的微观测算主体是上市企业，与现有文献利用地区层面或者行业层面的宏观数据进行测算存在不同。根据 Li 和 Lu（2018）、Zhou 等（2023a）、Zhou 等（2023b）对出口绿色技术含量的定义和测算可知，出口绿色技术含量主要由三部分构成，分别是企业的出口显性比较优势、企业的技术水平和企业的绿色程度。具体测算模型如式（4.18）所示：

$$egs_i = RCA_i \times TFP_i \times GC_i \tag{4.18}$$

在式（4.18）中，egs 为企业的出口绿色技术含量本研究对出口绿色技术含量进行对数处理，用 $lnegs$ 表示，RCA 为企业的出口显性比较优势。全要素生产率可以较好体现出企业的技术进步，因此可以使用全要素生产率反映企业的技术含量，TFP 则为企业的全要素生产率。GC 为企业的绿色系数，它反映了企业的污染程度。因此，企业的出口绿色技术含量就等于企业的出口显性比较优势、全要素生产率与绿色系数的乘积。接下来，本研究分别介绍 RCA、TFP 和 GC 的测算过程。

企业的出口显性比较优势测算方式如式（4.19）所示：

$$RCA_i = \frac{X_{ijk} / \sum_k X_{ijk}}{X_{jk} / \sum_k X_{jk}} \tag{4.19}$$

在式（4.10）中，RCA_i为企业的出口显性比较优势，它反映了企业 i 相较于其他企业的出口优势。X_{ijk}为企业的出口额，下标 i 表示企业，下标 j 表示企业所属的工业行业，下标 k 表示企业所在的地区。$X_{ijk} / \sum_k X_{ijk}$ 表示的是企业出口额与企业所在地区出口总额的比值。X_{jk}为企业所在行业 j 在地区 k 的出口额，$X_{jk} / \sum_k X_{jk}$ 则为地区 k 内行业 j 的出口额在行业 j 全国出口总额中的占比。

$$TFP_i = \left(\ln \frac{Q_{ijk}}{L_{ijk}} - s \times \ln \frac{K_{ijk}}{L_{ijk}}\right) \tag{4.20}$$

在式（4.20）中，TFP_i为企业的全要素生产率，TFP 的测算方法依据 Head 和 Ries（2003）的研究确定。其中，Q 为企业的产出，本研究用企业的主营业务收入表示；K 为企业的资本投入；L 为劳动投入，本研究用企业的职工人数表示；s 表示资本贡献度，根据 Li 和 Lu（2018）的研究，取值为 1/3。

$$GC_i = \sum_{\theta=1}^{n} \rho_{i\theta} \tag{4.21}$$

在式（4.21）中，GC_i为企业的绿色程度，n 表示污染物种类。由于无法获得企业层面的排污数据，本研究以企业所在地区的排污程度表示企业的绿色程度。本研究选取企业所处地区的二氧化碳排放量、二氧化硫排放量、工业固体废物产生量和工业废水排放量来作为污染物衡量指标。本研究参照李玲等（2012）的研究方法，先计算三类污染物的地区单位产值污染物排放量，随后对地区单位产值的污染物排放量进行线性标准化处理，再将标准化后的污染物排放得分 ρ 等权加和平均，得到企业所处地区的绿色程度。

（3）中介效应变量：绿色技术创新水平。技术创新是指在生产技术方面的创新，包括改造原有技术或是开发新技术，从而满足社会发展的需要。绿色技术创新是给技术创新赋予绿色内涵，Brawne 和 Wield（1994）认为，绿色技术创新既可以指产品在使用过程中对环境友好，可以循环再次加工使用，从而减少资源损耗；又可以指产品在生产过程中通过先进工艺提高能源效率，降低污染物的排放量。现有文献在对企业技术创新水平或者绿色技术创新水平进行衡量时大都采用专利申请数或者专利授权数，考虑到不同专利的重要性存在巨大差异，因此基于简单专利数量衡量技术创新水平可能导致结论出现偏误。另外，研究表明企业进行创新的目的并不限于产品差异化以及提升企业竞争力，企业可能出于限制竞争对手申请同类专利、享受政府相关补贴和政策优惠、向利益相关者释放市场信号等原因进行策略性创新（黎文靖和郑曼妮，2016；Rong et al.，2017），进而大量申请低成本、低质量专利而非提升专利质量。此外，中国政府的创新补贴、创新追赶战略制造了大量“专利泡沫”，在扭曲的专利申请激励下，专利数量的爆发式增长并不能代表实际技术水平和创新实力的提升（Rong et al.，2017；张杰和郑文平，2018）。因而有必要从创新质量的视角来衡量企业的绿色技术创新水平。

在创新质量的衡量上，现有文献对于创新质量的衡量多基于专利数据。专利被引量是衡量创新质量最为常见的可靠指标，其原因主要在于专利被大量后续引用表明其具有更高的商业价值与技术影响力（郝项超，2018）。现有文献也基于专利的 IPC 号数量测算专利的知识宽度并用以表示创新质量，其原理在于专利所涉及的技术领域越广、知识越复杂，被替代和模仿的难度越大（张杰和郑文平，2018；陶锋等，2021）。为了尽量使用更多的专利信息，学者们也综合利用专利同族、专利权利要求、引用量等指标测量创新质量。然而，专利被引量是"有效但却充满了噪声的专利质量衡量指标"，其缺陷主要在于，旧专利相较新专利有更长的被引用历史，从而有更高的被引用概率，并且我们无法观测专利未来的引用量增长；另外，不同行业的技术周期存在差异，简单专利数量或专利被引量难以跨技术领域进行比较（Jaffe et al.，2016）。因此，本研究借鉴既有文献（Hall et al.，2001；Tseng et al.，2007；Zhou，2024）提出的"固定效应法"思路，以企业申请的绿色专利的前向引用量作为企业绿色创新质量的代理指标，即企业申请绿色专利的被引量与企业所处行业的绿色专利被引量的比值作为绿色技术创新水平的代理指标，该指标可以克服上述缺陷，更为准确地衡量企业的绿色技术创新水平（Zhou，2024）。其计算方式如下：

$$gi_{it} = \frac{gpc_{it}}{gpc_{st}} \tag{4.22}$$

在式（4.22）中，gpc_{it}为企业 i 在 t 年申请的绿色专利的被引量；gpc_{st}为企业 i 所属行业 s 中所有企业在 t 年申请的绿色专利被引量；gi 则为企业绿色创新质量，本研究用其表示企业的绿色技术创新水平。

（4）中介效应变量：资源配置效率。为了衡量企业层面的资源配置效率，本研究借鉴任胜刚等（2019）的研究，使用资本配置效率代替资源配置效率。这主要是考虑到资本配置效率是衡量资本运行效率的重要指标，企业生产资本的流动带动着生产资源的流动，因此资本配置的改变可以反映出资源配置的改变，因此资本配置效率可以较好地反映资源配置效率。资本配置效率是企业当前资本配置状态与最优资本配置状态之间的偏离程度。鉴于 Richardson（2006）提出的资本效率配置模型可以在一定程度上较好规避估计样本的偏差问题。本研究根据 Richardson 模型，结合刘娟等（2020）的做法，提出以下测算企业资本效率配置的估计模型：

$$Invest_{it} = \lambda_0 + \lambda_1 Mig_{it-1} + \lambda_2 X_{it-1} + \lambda_3 Invest_{it-1} + \varepsilon_{it} \tag{4.23}$$

在式（4.23）中，*Invest* 为企业的资本投资量，它等于企业购买固定资产、长期投资和无形资产的现金支出减去出售资产的现金收入，得到的差值再比上企业的年均总资产。*Mig* 则为企业的主营业务收入增长率，本研究计算的是它滞后一期的结果。*X* 为控制变量，本研究计算的是它滞后一期的结果。控制变量主要包括企业上市年龄的自然对数、资产负债率、总资产的自然对数和股票年度回报率，同时也在方程组加入了企业资本投资量的滞后一期。根据企业的相关财务数据，对式（4.23）进行回归可以得到回归方程的残差值，而本研究的企业资本投资效率就是残差值的绝对值，该值如果越大，则表明企业的资本配置效率越低。本研究用 *rae* 表示企业层面的资源配置效率。

（5）控制变量。为了更好地估计出碳交易试点政策对企业出口绿色技术含量的净影响，本研究选取以下可能会影响企业出口绿色技术含量的变量来作为控制变量。具体包括：①企业出口额（*lnex*），根据 Li 和 Lu（2018）的研究，企业在进行出口的同时也可以进行学习，即存在所谓的干中学效应，从而积累经验，提高绿色技术。因此，本研究选择企业的出口额作为控制变量，为了减小异方差，本研究对企业出口额进行对数处理，用 *lnex* 表示。②企业规模（*lnsize*）：企业的规模越大，企业承受风险的能力越强，企业进行绿色技术创新的能力也就越强，继而会对企业的出口绿色技术含量产生影响。因此，本研究用企业总资产的自然对数表示企业的规模，用 *lnsize* 表示。③企业年龄（*lnage*）：企业成立年限越大，企业的成熟度越高，更趋向于稳定，对于不确定性的创新缺乏激励，其自主研发动力有可能更低，从而影响企业出口绿色技术含量。本研究用企业上市年限的自然对数表示企业年龄，用 *lnage* 表示。④托宾 Q 值（*tobinq*）：托宾 Q 值可以表示企业的市场价值，也体现了企业的市场竞争力，企业竞争力越强，其出口绿色技术的能力也就越强。托宾Q值为企业市场价值与资本重置成本之比，本研究用 *tobinq* 表示。⑤资产负债率（*dar*）：资产负债率可以衡量企业的经营情况，会对企业的出口产生一定影响，它等于企业总资产与总负债的比值，本研究用 *dar* 表示。⑥总资产利润率（*roa*）：总资产利润率反映了企业的盈利能力，企业盈利能力越强，越容易提高其出口产品的绿色技术含量，它等于企业利润总额与企业总资产的比值，对该比值取对数后用 *roa* 表示。⑦净资产收益率（*roe*）：净资产收益率是企业税后利润与净资产的比值，本研究用 *roe* 表示。⑧资本密集度（*capint*）：企业的资本密集度越高，企业进行技术引进的能力也就越强，本研究根据徐佳和崔静波（2020）的研究，用企业的总收入除以企业的总资产表示企业的资本密集度，用 *capint* 表示。⑨第一大股东持股比例（*top*1）：根据徐佳和崔静波（2020）的研究，企业的治理结构也可能会对企业的技术能力产生影响，故本研究选择第一大股东持股比例为控制变量，它等于企业第一大股东持股份额与总股本的比值，本研究用 *top*1 表示。⑩借贷能力（*lend*）：企业的借贷能力越强，越有利于企业扩大规模进行生产，从而能对企业出口产生正向影响。本研究根据张天顶（2018）的研究，用企业固定资产净值与总资产的比值表示企业的借贷能力，用 *lend* 表示。

各个变量的定义如表4－1所示。主要变量的描述性统计如表4－2所示。

表4－1　　　　　　　　主要变量定义

变量名称	变量符号	计算方法
出口绿色技术含量	*lnegs*	根据 Li 和 Lu（2018）的研究计算得到
企业出口额	*lnex*	企业出口额的自然对数
企业年龄	*lnage*	企业上市年限的自然对数
企业规模	*lnsize*	企业总资产的自然对数
托宾Q值	*tobinq*	企业市场价值/资本重置成本
资产负债率	*dar*	企业总资产/总负债
净资产收益率	*roe*	企业税后利润/净资产
总资产利润率	*roa*	企业利润总额与总资产的比值取对数
资本密集度	*capint*	企业总收入/总资产

续表

变量名称	变量符号	计算方法
第一大股东持股比例	*top*1	企业第一大股东持股份额/总股本
借贷能力	*lend*	企业固定资产净值/总资产
绿色技术创新水平	*gi*	企业申请绿色专利的被引量/企业所处行业的绿色专利被引量
资源配置效率	*rae*	根据 Richardson（2006）模型计算得到

表 4-2　描述性统计值

变量	观测值	平均值	标准差	最小值	最大值
lnegs	10 225	0.6235	3.7822	-18.5805	21.5221
lnex	10 225	16.0208	2.6018	1.0986	23.1742
lnage	10 225	1.6561	0.8279	0	3.2188
lnsize	10 225	21.6269	1.1398	17.8786	29.6532
roe	10 225	0.0254	0.9943	-53.9593	8.2794
roa	10 225	0.0367	0.0971	-3.9944	1.2068
tobinq	10 225	1.973	1.3271	0.7488	48.5053
dar	10 225	0.4141	0.2223	0.0075	4.2762
capint	10 225	2.2686	12.5457	0.1314	1 039.127
lend	10 225	0.2537	0.1532	0	0.8494
*top*1	10 225	0.3703	0.1481	0.0431	0.8855
gi	10 225	0.2499	0.1289	0	1
rae	10 225	0.0281	0.0465	0.00001	0.4021

4.2 碳交易试点政策对出口绿色技术含量影响的实证分析结果

4.2.1 基准回归结果

本研究根据式（4.1）实证检验碳交易试点政策的实施对中国上市企

业出口绿色技术含量的影响效果，具体的回归结果如表4-3所示。表4-3中被解释变量为出口绿色技术含量 *lnegs*，第1列中没有加入控制变量、城市时间趋势项和行业时间趋势项，第2列至第4列逐步加入了控制变量、城市时间趋势项和行业时间趋势项，结果发现本研究重要的解释变量碳交易试点政策 *pilot* × *post* 的系数均在1%水平以内显著。由于进行实证回归时控制变量的系数并不能较好反映它对被解释变量的影响，也不是本研究的重点研究对象，因此本研究没有解释控制变量对于出口绿色技术含量的影响。其中第4列为本研究的基准回归结果，双重差分系数为0.447，这也就表明碳交易试点政策实施后，中国上市企业的出口绿色技术含量得到了显著的提升。

表4-3　　　　基准回归

项目	(1)	(2)	(3)	(4)
	lnegs	*lnegs*	*lnegs*	*lnegs*
pilot × *post*	0.540*** (0.114)	0.506*** (0.113)	0.495*** (0.114)	0.447*** (0.112)
lnex		0.108** (0.0445)	0.110** (0.0444)	0.113** (0.0445)
lnzge		0.954*** (0.0863)	0.955*** (0.0861)	0.964*** (0.0860)
lnsize		0.0138 (0.0742)	0.00737 (0.0738)	0.00700 (0.0738)
roe		0.0220 (0.0197)	0.0212 (0.0200)	0.0220 (0.0199)
roa		-1.083*** (0.383)	-1.099*** (0.383)	-1.096*** (0.384)
tobinq		0.0260 (0.0245)	0.0224 (0.0244)	0.0221 (0.0244)
dar		-0.0363 (0.255)	-0.0409 (0.254)	-0.0488 (0.254)

续表

项目	(1)	(2)	(3)	(4)
	lnegs	*lnegs*	*lnegs*	*lnegs*
capint		0. 00032 (0. 00388)	0. 00015 (0. 00384)	0. 00021 (0. 00383)
lend		0. 301 (0. 309)	0. 335 (0. 309)	0. 362 (0. 310)
*top*1		0. 0191 *** (0. 00445)	0. 0192 *** (0. 00443)	0. 0189 *** (0. 00442)
年份固定效应	YES	YES	YES	YES
企业固定效应	YES	YES	YES	YES
城市时间趋势项	NO	NO	NO	YES
行业时间趋势项	NO	NO	YES	YES
Observations	10 225	10 225	10 225	10 225
R - squared	0. 797	0. 808	0. 808	0. 808

注：表中括号内的系数为稳健标准误，*** 、** 、* 分别表示 1% 、5% 和 10% 的显著性水平，余表同。

4. 2. 2　稳健性检验

上述得到的结论是基准回归结果，但仍有潜在的混杂因素会对本研究得到的结果产生干扰，不能直接认为碳交易试点政策对出口绿色技术含量的影响是显著的。本研究接下来进行了一系列的稳健性检验，希望通过这些稳健性检验，来排除潜在的不可观测的混杂因素对结果的干扰，从而确保碳交易试点政策可以显著提升上市企业的出口绿色技术含量。之后在确保基准结果稳健的情况下进行更深入的分析，得到更为可靠的结果。

4. 2. 2. 1　平行趋势与反事实检验

如果碳交易试点政策实施之前，实验组企业的出口绿色技术含量与对照组企业的出口绿色技术含量就存在显著差异，这就表明本研究得到的基准结果可能不是碳交易试点政策所带来的，因此有必要进行平行趋势检验，这也是双重差分模型有效性的先决条件。本研究基于式（4.2）来实证检验实验组企业和对照组企业在政策实施之前是否满足平行趋势。具体的回归结果如表4-4所示。表4-4中第1列和第2列为平行趋势检验结果，第1列和第2列的结果显示碳交易试点政策实施前两年的双重差分系数（$pilot \times post2009$、$pilot \times post2010$）均不显著，而政策实施之后的双重差分系数（$pilot \times post2011$、$pilot \times post2012$、$pilot \times post2013$、$pilot \times post2014$、$pilot \times post2015$、$pilot \times post2016$）均显著为正，满足平行趋势检验。其第1列结果中碳交易政策在2011年的双重差分系数为0.548，而实施之后到2016年碳交易政策的双重差分系数为0.602，总体系数变动是增加的。第2列结果中碳交易政策在2011年的双重差分系数为0.525，而2016年时碳交易政策的双重差分系数为0.531，总体系数变动亦是增加的。这说明从年份变动上看，碳交易试点政策对企业出口绿色技术含量的提升总体呈现增加趋势。这也说明在提升企业出口绿色技术含量方面，碳交易试点政策值得继续深入推进执行，同时也保证了本研究设立双重差分模型的有效性。

另外，本研究也进行了反事实检验，即假设碳交易试点政策分别是在2008年、2009年和2010年实施的，并去掉2011年及之后的样本按照式（4.1）进行回归，回归结果如表4-4第3列至第5列所示，第3列的双重差分系数表示政策在2008年实施，第4列的双重差分系数表示政策在2009年实施，第5列的双重差分系数表示政策在2010年实施，结果发现第3列至第5列的双重差分系数均不显著，这验证了本研究结果的稳健性，说明碳交易试点政策确实对企业出口绿色技术含量产生了显著的正向影响效果。

表4-4　　平行趋势与反事实检验

项目	(1)	(2)	(3)	(4)	(5)
	lnegs	*lnegs*	*lnegs*	*lnegs*	*lnegs*
$pilot \times post$			0.343 (0.462)	0.162 (0.164)	0.131 (0.213)
$pilot \times post2009$	0.152 (0.220)	0.217 (0.219)			

续表

项目	(1)	(2)	(3)	(4)	(5)
	lnegs	*lnegs*	*lnegs*	*lnegs*	*lnegs*
pilot × *post*2010	0. 288 (0. 194)	0. 299 (0. 187)			
pilot × *post*2011	0. 548 *** (0. 173)	0. 525 *** (0. 170)			
pilot × *post*2012	0. 698 *** (0. 164)	0. 653 *** (0. 163)			
pilot × *post*2013	0. 706 *** (0. 166)	0. 653 *** (0. 164)			
pilot × *post*2014	0. 552 *** (0. 175)	0. 549 *** (0. 178)			
pilot × *post*2015	0. 698 *** (0. 184)	0. 564 *** (0. 187)			
pilot × *post*2016	0. 602 *** (0. 214)	0. 531 ** (0. 220)			
控制变量	NO	YES	YES	YES	YES
年份固定效应	YES	YES	YES	YES	YES
企业固定效应	YES	YES	YES	YES	YES
城市时间趋势项	YES	YES	YES	YES	YES
行业时间趋势项	YES	YES	YES	YES	YES
Observations	10 225	10 225	3 824	3 824	3 824
R - squared	0. 798	0. 808	0. 813	0. 813	0. 812

4. 2. 2. 2 剔除能源政策和环境规制影响

在碳交易试点政策实施的过程中，中国也出台了一些能源政策，这些政策会影响企业的污染排放和技术水平，从而干扰本研究的结果，有必要对这些能源政策进行剥离。中国出台的能源政策总体来说可以分为两类，一类是能源结构调整政策，另一类是节能政策。在能源结构调整政策方面上，存在很强的区域异质性，它可以分为促进传统能源转型和扶持新能源发展两类。由于长期以来中国的能源生产消费以煤炭为主，因此政府对如山东、河北和山西等煤炭消费大省实施了较多的传统能源结构调整政策，以此促进这些省份的传统能源转型升级。而在西部地区，如宁夏、青海和甘肃等省份在使用新能源方面拥有十分显著的自然禀赋优势，这就使政府在西部地区实施了较多支持新能源发展的相关政策。

在节能政策方面，中国政府2009年出台了《关于开展节能与新能源汽车示范推广试点工作的通知》，对节能和对购买新能源汽车给予财政补贴，全国共有26个城市入选了节能与新能源汽车试点城市。基于以上考虑，本研究对中国的煤炭消费大省（内蒙古、江苏、山东、河北、山西、陕西和河南）、新能源省份（宁夏、云南、青海、甘肃和新疆）下的企业样本和属于节能政策城市的企业样本进行剔除，从而剥离能源政策对出口绿色技术含量的潜在影响，具体估计结果如表4-5第1列和第2列所示，这两列的结果显示，在剔除了能源政策的影响之后，双重差分系数在10%的水平下显著，说明在排除能源效率的潜在影响后，碳交易试点政策依旧可以正向提升企业的绿色出口技术含量。

在本书研究期间，中国实施了多项环境规制政策。在城市层面，中国在1998年通过并实施了《酸雨控制区和二氧化硫污染控制区方案》，对纳入城市的二氧化硫排放量进行了限制。中国2010年实施了低碳城市试点政策，鼓励试点城市积极采用碳减排政策去进行低碳转型升级。中国2012年又出台了《环境空气质量标准（2012）》。为了排除这些以地级市为实施单位的环境规制给本研究结果带来的影响，本研究在式（4.1）中加入城市固定效应与年份固定效应的交乘项进行控制，城市固定效应与年份固定效应的交乘项可以控制随时间变化的城市层面的各类环境规制的影响，回归结果如表4-5第3列和第4列所示，第3列和第4列的结果显示，双重差分系数依旧在1%的水平下显著为正，验证了本研究结果的稳健性。在行业层面上，原中国银监会在2012年发布了《绿色信贷指引》，提出银行机构要对高污染高能耗行业的企业进行贷款限制，提高它们的贷款门槛，以迫使它们进行绿色转型升级，《绿色信贷指引》的实施可能对企业出口绿色技术含量产生影响，因此需要进行剔除，本研究在式（4.1）中加入行业固定效应与年份固定效应的交乘项进行控制，具体回归结果如表4-5第

5 列和第 6 列所示，结果发现无论是否加入控制变量，双重差分系数仍然显著为正，说明在排除随时间变化的行业层面的政策干扰后，碳交易试点政策依旧对企业的绿色出口技术含量有着显著正向影响，这也进一步验证了本研究结果的稳健性。

表 4 - 5　　剔除能源政策和环境规制的影响

项目	(1)	(2)	(3)	(4)	(5)	(6)
	lnegs	*lnegs*	*lnegs*	*lnegs*	*lnegs*	*lnegs*
pilot × post	0. 228 * (0. 128)	0. 244 * (0. 127)	0. 492 *** (0. 112)	0. 427 *** (0. 112)	0. 514 *** (0. 112)	0. 447 *** (0. 112)
控制变量	NO	YES	NO	YES	NO	YES
年份固定效应	YES	YES	YES	YES	YES	YES
企业固定效应	YES	YES	YES	YES	YES	YES
城市时间趋势项	YES	YES	YES	YES	YES	YES
行业时间趋势项	YES	YES	YES	YES	YES	YES
Observations	6 908	6 908	10 255	10 255	10 255	10 255
R - squared	0. 810	0. 820	0. 798	0. 809	0. 797	0. 808

4. 2. 2. 3　排除重要事件干扰

一些发生在本书研究期间内的重要事件，如国际金融危机和北京奥运会，可能会干扰本研究的估计结果。因为在 2008—2009 年，国际金融危机对中国制造业产生了较大的影响，它可能会影响企业的出口，从而对企业的出口绿色技术含量产生影响。为了排除国际金融危机可能会产生的潜在影响，本研究删掉了 2008 年和 2009 年的样本后按照式（4. 1）进行回归，具体的回归结果如表 4 - 6 第 1 列和第 2 列所示，其中第 1 列和第 2 列的双重差分系数均在 1% 的水平下显著为正，说明排除国际金融危机事件的干扰后，本研究的结论依旧稳健。在中国举办北京奥运会期间，北京市与周边省市联合实施了蓝天工程和清洁能源建设等项目。因此，举办奥运会这一重要事件会使企业在短时间内加快绿色投入，减少污染排放，从而对出口绿色技术含量产生影响，干扰本研究的结果。因此，为了消除北京奥运会的潜在影响，本研究删掉了北京、天津、河北、山西、内蒙古和辽宁下辖的地级市样本，具体回归结果如表4-6第3列和第4列所示，其双重差分系数均在10%的水平下显著为正，表明本研究的主要结果未发生明显改变，保证了本研究结果的稳健性。

表4-6　　排除重要事件影响

项目	(1)	(2)	(3)	(4)
	lnegs	*lnegs*	*lnegs*	*lnegs*
pilot × post	0.616*** (0.128)	0.571*** (0.127)	0.279** (0.127)	0.224* (0.126)
控制变量	NO	YES	NO	YES
年份固定效应	YES	YES	YES	YES
企业固定效应	YES	YES	YES	YES
城市时间趋势项	YES	YES	YES	YES
行业时间趋势项	YES	YES	YES	YES
Observations	9 188	9 188	8 689	8 689
R - squared	0.805	0.817	0.804	0.818

4.2.2.4　更换碳交易试点政策实施节点

虽然国家发展和改革委员会在2011年批准七个试点开展碳交易试点工作，但是2013年6月之后国内七个碳市场才开始陆续启动。因此，现有研究在评估中国碳交易试点政策的影响时，部分文献在构建双重差分模型时会以2013年作为政策实施节点（沈洪涛等，2017；Peng et al.，2021）。为了消除在构建双重差分模型时不同政策实施时间点选择问题带来的潜在影响，本研究以2013年为政策实施时间点，即$post_t$取值为1表示的是2013年政策实施后，$post_t$取值为0表示的是2013政策实施前，随后按照式(4.1)进行回归，具体回归结果如表4-7所示。其中，第1列中没有加入控制变量、城市时间趋势项和行业时间趋势项，第2列至第4列逐步加入了控制变量、城市时间趋势项和行业时间趋势项，结果发现本研究重要的解释变量碳交易试点政策 *pilot × post* 的系数均显著为正，这也就说明在排除碳交易试点政策实施节点对本研究结果的影响后，本研究得到的基准结果仍然稳健。

表 4－7　　更换政策实施节点

项目	(1)	(2)	(3)	(4)
	lnegs	*lnegs*	*lnegs*	*lnegs*
pilot × post	0.294*** (0.0931)	0.270*** (0.0935)	0.259*** (0.0940)	0.209** (0.0924)
控制变量	NO	YES	YES	YES
年份固定效应	YES	YES	YES	YES
企业固定效应	YES	YES	YES	YES
城市时间趋势项	NO	NO	NO	YES
行业时间趋势项	NO	NO	YES	YES
Observations	10 225	10 225	10 225	10 225
R－squared	0.797	0.807	0.807	0.808

4.2.2.5　三重差分估计

本研究使用双重差分回归所得到的结果有可能受到其他的一些潜在因素干扰，为了进一步得到稳健性的结果，本研究使用三重差分模型来进行估计。在环境经济学的研究中，现有研究将行业的污染密集程度纳入了双重差分模型，从而构建三重差分模型。本研究选择高碳排放强度行业的企业和低碳排放行业的企业作为三重差分的另外一对处理组和对照组。因为低碳排放行业的企业可能受到碳交易试点政策的影响较小，通过比较碳交易试点政策对高碳排放强度行业与低碳排放行业的出口绿色技术含量的影响，可以剔除掉不随时间变化、不可观察到的和碳交易试点政策之外的混杂因素，从而最大程度得到碳交易试点政策对出口绿色技术含量的净影响。本研究构建的三重差分模型具体如式（4.24）所示：

$$lnegs_{it} = \alpha_0 + \alpha_1 pilot_i \times post_t \times sector_s + \alpha_2 pilot_i \times post_t + \alpha_3 pilot_i \times sector_s + \alpha_4 post_t \times sector_s + \alpha_5 X_{it} + \mu_i + \gamma_t + city * year + sector * year + \varepsilon_{it} \tag{4.24}$$

在式（4.24）中，*sector* 为行业虚拟变量，如果企业属于高碳排放行业，则该取值为 1；如果企业属于低碳排放行业，则取值为 0。高碳排放行业和低碳排放行业的划分依据是行业在 2010 年的碳排放强度的中位数，如果某个行业的碳排放强度高于所有行业碳排放强度的中位数，则将该行业被视为高碳排放行业。式（4.24）中最为核心的变量是 $pilot \times post \times sector$，如果该变量的系数显著为正，则表明在剔除掉不随时间变化、不可观察到的和碳交易试点政策之外的混杂因素后，碳交易试点政策可以有效促进企业的出口绿色技术含量，保证本研究结果的稳健性。具体的回归结果如表 4－8 所示。在逐步加入控制变量、城市时间趋势项和行业时间趋势项后，三重差分系数仍旧显著为正，表明三重差分估计检验通过。

表 4－8　　　　　　　　　　三重差分估计

项目	(1)	(2)	(3)	(4)
	lnegs	*lnegs*	*lnegs*	*lnegs*
$pilot \times post \times sector$	0.028*	0.08*	0.097*	0.134*
	(0.016)	(0.044)	(0.052)	(0.091)
控制变量	NO	YES	YES	YES
年份固定效应	YES	YES	YES	YES
企业固定效应	YES	YES	YES	YES
城市时间趋势项	NO	NO	NO	YES
行业时间趋势项	NO	NO	YES	YES
Observations	10 225	10 225	10 225	10 225
R－squared	0.797	0.808	0.808	0.808

4.2.2.6　基于 LightGBM 算法的 PSM－DID 估计

双重差分方法无法确保实验组企业和对照组企业在碳交易试点政策实施前具备相同的个体特征，存在样本选择性偏差问题，该问题在样本含量较大的情形下更为常见。本研究的样本是微观上市企业样本，观测值有 10 225 个，并且样本间的规模、所处地理位置，财务状况也存在差异，因此本研究所选的样本显然存在较大的个体差异。为了尽可能缓解选择性偏差问题，本研究基于机器学习思想，利用 LightGBM 算法，将倾向性得分匹配方法与双重差分模型相结合来进行回归估计。倾向得分匹配方法可以排除数据偏差的干扰，从而让实验组企业和对照组企业进行更为合理的比较。在评估政策时，现有研究常将倾向性得分匹配法和双重差分法结合起来进行估计。本研究以控制变量为样本企业的识别特征，将试点地区的企业和非试点地区的企业进行匹配。再基于匹配成功后的样本，采用双重差分法进行回归估计，回归结果如表 4－9 第 1 列至第 3 列所示。第 1 列至 3 列的结果分别是采用核匹配、近邻匹配和卡尺匹配后的估计结果，它们的双重差分系数均显著为正，这说明本研究得到的结果是稳健的。

表 4－9　　基于 LightGBM 算法的 PSM－DID 估计

项目	(1)	(2)	(3)
	lnegs	*lnegs*	*lnegs*
pilot × *post* × *sector*	0.314***	0.357***	0.296***
	(0.078)	(0.083)	(0.065)
控制变量	NO	NO	YES
年份固定效应	NO	NO	YES
企业固定效应	NO	YES	YES
城市时间趋势项	YES	YES	YES
行业时间趋势项	YES	YES	YES
Observations	8 986	8 986	8 986
R－squared	0.686	0.742	0.716

4.2.2.7　工具变量法

使用双重差分法对碳交易试点政策评估时存在一个前提，即我国国家发展和改革委员会在选择碳交易试点地区时，应当在中国所有的省份或城市中随机选择。但实际情况却是七个碳交易试点地区的选择可能受到经济发展状况、碳排放程度、能源消费结构等其他潜在因素的影响，因此碳交易试点地区的选择可能存在自选择问题，这对双重差分法的估计结果会产生一定影响。因此，本研究使用工具变量法去克服碳交易试点地区可能存在的自选择问题。一般而言，工具变量的选择需要与内生变量相关，而与随机扰动项不相关。本研究根据 Hering 和 Poncet（2014）的研究，用企业所处城市上空的空气流通系数作为是否纳入碳交易试点地区的工具变量，这么做的原因主要在于以下两点：第一，满足工具变量的相关性假设，因为该地区的空气流通系数越小，该地区越倾向于实施环境规制，那么它入选为碳交易试点地区的概率就较大；第二，满足外生性假设，因为空气流通系数由地理条件和气象条件决定，它不受其他内生因素的影响。因此本研究使用空气流通系数作为工具变量，进行两阶段回归分析。本研究收集了来自欧洲中级天气预报中心 ERA 数据库的 10 米高度和边界层高度的风速信息。首先，本研究根据中国城市的经纬度来和 EAR 数据库进行匹配，其次，将每个单元的风速与边界层高度的乘积作为空气流通系数。最后，将空气流通系数作为工具变量进行两阶段回归。本研究使用的空气流通系数是 2003 年至 2016 年样本企业所在城市的年均系数的自然对数。工具变量估计的两阶段结果在表 4 – 10 第 1 列和第 2 列中列示，第 1 列为第一阶段的回归结果，第 1 列的被解释变量为 *pilot* × *post*，解释变量为 *iv* × *post*，结果发现工具变量与时间变量的交互项 *iv* × *post* 的系数显著为负，说明空气流通系数和碳交易试点政策显著相关，表明工具变量满足相关性条件；第 2 列为第二阶段的回归结果，被解释变量为 *lnegs*，结果发现双重差分系数依旧显著为正，说明在排除试点地区自选择问题之后，碳交易试点政策依然显著提升了上市企业的出口绿色技术含量。

表 4 – 10　　　　工具变量估计

项目	(1)	(2)
	pilot × *post*	*lnegs*
iv × *post*	– 0. 159 *** (0. 021)	
pilot × *post*		0. 521 *** (0. 186)
控制变量	YES	YES
年份固定效应	YES	YES
企业固定效应	YES	YES
城市时间趋势项	YES	YES
行业时间趋势项	YES	YES
Observations	10 225	10 225
R – squared	0. 755	0. 329

4.2.2.8　广义随机森林模型

本研究使用 PSM 和多期 DID 方法等参数模型通过了内生性检验。然而，这些方法都有一定的局限性。例如，PSM 不能从根本上解决由选择偏差或遗漏变量引起的内生性问题，并且在存在许多协变量时不能很好地对结果进行估计。当影响企业出口绿色技术含量效应的协变量或遗漏变量随时间变化时，DID 方法的估计结果也难以保证。为了克服这些缺点，本研究使用机器学习中的广义随机森林（GRF）模型进行进一步的经验估计。近年来，许多关于政策效果的研究表明，GRF 模型优于传统的政策评估方法。GRF 模型可以避免主观分组引起的样本选择偏差，即使在存在大量协变量的情况下，估计值处理过程仍然可以确保适当的置信区间范围。此外，GRF 模型还考虑了参数的渐近性质，这优于无法估计渐近性质的普通回归模型。因此，本研究使用 GRF 模型计算碳交易试点政策对企业出口绿色技术含量的平均处理效果可以进一步验证因果关系的可靠性。基于 Wager 和 Athey（2018）的研究，本书使用广义随机森林（GRF）模型估计了碳交易试点政策对企业出口绿色技术含量的平均处理效果。表 4 – 11 显示了 GRF 模型的结果。碳交易试点政策对企业出口绿色技术含量的平均处理效果稳定在 0.216，这支持了碳交易试点政策在提升企业出口绿色技术含量方面的作用。因此，在使用 GRF 模型进行稳健性测试后，本研究的核心结论没有改变。

表 4 – 11　　　　基于广义随机森林的因果估计

项目	(1)	(2)	(3)
	lnegs	*lnegs*	*lnegs*
pilot × *post*	0.216 *** (0.035)	0.216 *** (0.033)	0.216 *** (0.034)
决策树	500	1 000	2 000
模型	因果森林	因果森林	因果森林
Observations	10 255	10 255	10 255

4.3 影响机制检验结果

4.3.1 绿色技术创新水平的中介效应检验

本研究基于中介效应模型分析了绿色技术创新水平的中介效应，回归结果见表4-12中的第1列和第2列。其中，第1列的被解释变量为绿色技术创新水平 *gi*，结果发现双重差分系数显著为正，说明碳交易试点政策显著提升了企业的绿色技术创新水平。第2列的被解释变量为出口绿色技术含量 *lnegs*，解释变量为绿色技术创新水平 *gi* 和双重差分变量，结果发现碳交易试点政策 $pilot \times post$ 的系数和绿色技术创新水平 *gi* 的系数都在10%的水平下显著为正。这说明中介效应检验通过，且为部分中介效应，中介效应占比为31.23%。这也就说明碳交易试点政策可以通过绿色技术创新渠道提升企业出口绿色技术含量，即碳交易试点政策降低了企业对绿色创新项目失败的担心，增加了企业进行绿色技术创新的动力，使企业更愿意加大研发投入进行清洁生产，提升企业的绿色技术创新水平。在企业的绿色技术创新水平提升后，企业在生产产品时可以消耗更少的资源，从而减少碳排放量，企业则可以将多余的碳配额在碳市场上换取额外收益，从而给企业带来了创新补偿效应（Zhou et al.，2024c），也促进了企业生产效率的提高，企业能够以较低的污染代价产生更多的产品，在出口产品市场上获得竞争优势，最终促使企业的出口绿色技术含量得到提升。

表4-12　　绿色技术创新水平的中介效应

项目	(1)	(2)
	gi	*lnegs*
$pilot \times post$	0.034* (0.018)	0.248*** (0.0001)
gi		4.105* (2.218)

续表

项目	(1)	(2)
	gi	*lnegs*
控制变量	YES	YES
年份固定效应	YES	YES
企业固定效应	YES	YES
城市时间趋势项	YES	YES
行业时间趋势项	YES	YES
Observations	10 225	10 225
R - squared	0. 491	0. 802

4. 3. 2　资源配置效率的中介效应检验

基于式（4. 6）至式（4. 8），本研究利用逐步回归法实证检验企业资源配置效率的中介效应，回归结果如表 4 - 13 第 1 列和第 2 列所示。其中，第 1 列的被解释变量为资源配置效率 *rae*，结果发现其双重差分系数显著为负，由于 *rae* 的系数越大，表示资源配置效率越低，这就说明碳交易试点政策显著提升了企业的资源配置效率。第 2 列的被解释变量为出口绿色技术含量 *lnegs*，解释变量为资源配置效率 *rae* 和双重差分变量 $pilot \times post$，结果发现碳交易试点政策 $pilot \times post$ 的系数为正，资源配置效率 *rae* 的系数显著为正，表明资源配置效率的中介效应检验通过，且为部分中介效应，中介效应占比为 26. 13% 。这也就说明碳交易试点政策可以通过优化企业资源配置效率这一渠道来提高企业的出口绿色技术含量，即碳交易试点政策使出售多余二氧化碳配额的权利会从生产效率低下、污染程度高的企业流向生产效率较高、污染程度低的企业，而生产效率低下的企业只能被动购买二氧化碳配额。从而使生产要素流向生产效率高的企业，生产效率高的企业就可以得到更多的生产资源。同时，碳交易试点政策的实施也使企业主动对它生产的产品组合进行调整，增加清洁型产品的生产，减少污染型产品的生产，与此相对应，企业增加了对清洁型生产部门的资源投入，减少了对污染型生产部门的资源投入，从而提高了企业的出口绿色技术含量。

表 4－13　　资源配置效率的中介效应

项目	(1)	(2)
	rae	*lnegs*
pilot × *post*	－0.059* (0.032)	0.194*** (0.001)
rae		－1.98* (0.081)
控制变量	YES	YES
年份固定效应	YES	YES
企业固定效应	YES	YES
城市时间趋势项	YES	YES
行业时间趋势项	YES	YES
Observations	10 225	10 225
R－squared	0.842	0.81

4.4 本章小结

在这一章中，本研究通过双重差分模型实证检验了碳交易试点政策对中国上市企业出口绿色技术含量的影响，利用一系列稳健性检验方法进行了稳健性检验，再通过中介效应模型检验了碳交易试点政策影响企业出口绿色技术含量的中介渠道。

首先，本章匹配了国泰安数据库和中国海关数据库，然后得到了上市企业2003年至2016年的出口额数据和财务数据，并据此构建了本研究关键的被解释变量出口绿色技术含量。之后利用双重差分模型实证研究了碳交易试点政策与上市企业出口绿色技术含量之间的关系，结果发现双重差分系数显著为0.447。这就表明碳交易试点政策的实施可以有效提升中国上市企业的出口绿色技术含量，波特假说得到了验证。

其次，本章进行了平行趋势检验、排除能源效率政策和环境规制影响、剔除重大事件影响、更换碳交易政策时间点、三重差分法、倾向得分匹配法、工具变量法和广义随机森林等一系列检验，上述检验都进一步验证了碳交易试点政策可以显著提升企业的出口绿色技术含量，保证了上述结论的稳健性。

最后，本章以企业绿色专利被引数为基础构建了绿色专利质量指数，以此表示企业绿色技术创新水平；以 Richardson 模型为基础测量了企业的资源配置效率。利用中介效应模型去实证研究了碳交易试点政策影响企业出口绿色技术含量的中介渠道。结果表明，碳交易试点政策可以通过提升企业的绿色技术创新水平和资源配置效率来促进出口绿色技术含量的提高。

综上所述，碳交易试点政策可以显著促进中国上市企业出口绿色技术含量的提升。考虑到本章主要是从整体层面去对碳交易试点政策所产生的影响进行分析，然而由于不同试点地区的异质性和试点地区所采用政策的差异性，有必要深入研究不同试点碳市场和不同政策设计对企业出口绿色技术含量的异质性影响，以便为全国碳市场的制度设计提供针对性的参考依据，在第 5 章中本研究将对此进行详细的实证研究。

第 5 章

不同试点碳市场和政策设计对出口绿色技术含量影响的实证分析

第 4 章从整体层面实证分析了碳交易试点政策对企业出口绿色技术含量的影响，在本章中将详细分析不同试点碳市场和不同政策设计对出口绿色技术含量的异质性影响。本研究将基于第 4 章的数据和基准双重差分模型构建分试点地区分析模型，实证检验六个试点碳市场对于企业出口绿色技术含量的不同影响，并基于实证结果分析不同试点碳市场产生不同效果的原因。再构建政策设计分析模型，通过实证检验，对比分析碳市场的不同政策设计对于出口绿色技术含量的异质性影响，并分析其中原因，为全国碳市场的政策设计优化提供针对性的参考建议。

5.1 异质性碳交易试点模型设定与变量选取

5.1.1 分试点地区分析模型

由于各个试点碳市场开展的环境背景不同，因此采用了不同的政策措施，使最终每个试点碳市场所呈现的效果也不尽相同。那么在提升企业出口绿色技术含量方面，全国碳市场的建立应该借鉴哪些试点碳市场的方法和政策措施，这是一个值得探讨的问题。因此，本研究在基准双重差分模型的基础上，通过调整模型，加入各试点地区的虚拟变量来构建分试点地区分析模型，以达到对于不同试点地区的对比分析。具体分析模型如式（5.1）所示。

$$
\begin{aligned}
lnegs_{it} = {} & \alpha_0 + \alpha_1 pilot_{bj} \times post_t + \alpha_2 pilot_{hb} \times post_t + \alpha_3 pilot_{tj} \times post_t \\
& + \alpha_4 pilot_{sh} \times post_t + \alpha_5 pilot_{gd} \times post_t + \alpha_6 pilot_{cq} \times post_t + \alpha_2 X_{it} \\
& + \mu_i + \gamma_t + city * year + sector * year + \varepsilon_{it} \qquad (5.1)
\end{aligned}
$$

在式（5.1）中，$pilot_{bj} \times post$、$pilot_{hb} \times post$、$pilot_{tj} \times post$、$pilot_{sh} \times post$、$pilot_{gd} \times post$、$pilot_{cq} \times post$ 分别表示北京、湖北、天津、上海、广东和重庆碳市场。具体而言，$pilot_{bj}$表示北京，如果企业 i 所在地区为北京，则取值为 1，否则取值为 0，以此类推；$post$ 为碳市场政策试点前后的虚拟变量，碳市场试点期间（2011 年之后）取值为 1，非试点期间（2011 年之前）取值为 0。该模型中没有深圳碳市场，因为深圳市属于广东省，本研究将深圳碳市场和广东碳市场合并为了一个碳市场。式（5.1）中其余的变量与基准双重差分模型中的变量相一致，研究样本与上文保持一致，此处不再进行赘述。本研究期望的是不同试点地区的双重差分估计值不相同，我们便可以根据不同的显著性进行对比分析，找出哪个试点碳市场在提升企业出口绿色技术含量方面做得更好，进而结合该碳市场具体的制度分析其中的原因，为全国碳市场的优化完善提供具体的政策建议。

5.1.2　政策设计分析模型

中国试点碳市场的政策设计包含诸多特征，如碳市场配额分配总量、覆盖企业范围、配额分配方法、配额分配方式、核证减排量抵消比例、企业履约惩罚力度、监测、报告与评估（MRV）等。而中国各试点碳市场开展的政策背景不同，因此在设计碳市场时便采用了不同的政策。在进行实证分析时，有些政策要素进行量化的难度较大，如交易方式、MRV 等，难以对所有的政策要素进行全面分析。因此，本研究仅选取重要且能量化的因素进行研究，从政策设计中选取碳排放配额管理、国家核证自愿减排量（CCER）、企业履约惩罚力度等指标，探究其对出口绿色技术含量的影响。

各个试点碳市场每年的碳配额总量不同，纳入的企业数量不同，碳配额分配方式不同，采用的分配方法也存在差异。由于 CCER 交易是碳市场重要补充形式，各试点碳市场也都允许一定数量的 CCER 交易。各试点碳市场对于未能按时履约企业的处罚力度也存在不同。那么，上述不同的政策设计是否会对企业出口绿色技术含量产生异质性影响？接下来，本研究将基于 Li 等（2022）的研究思路对此进行分析。具体分析模型如式（5.2）所示。

$$lnegs_{it} = \alpha_0 + \alpha_1 lnpe + \alpha_2 lnnumber + \alpha_3 mode + \alpha_4 lnccer + \alpha_5 punish + \alpha_6 intensity_{it} + \alpha_7 grandfather_{it} + \alpha_8 benchmark_{it} + \alpha_9 X_{it} + \mu_c + \gamma_t + \delta_s + city * year + sector * year + \varepsilon_{it} \quad (5.2)$$

在式（5.2）中，*lnpe* 是不同试点碳市场碳配额分配总量的自然对数，*lnnumber* 是纳入企业数量的自然对数。*mode* 是取值为 0 或者 1 的虚拟变量，如果试点碳市场采用混合分配方式分配碳配额，则赋值为 1，否则赋值为 0。*lnccer* 是不同试点碳市场 CCER 交易量的自然对数。*punish* 表示各试点碳市场对未能按时履约企业的经济处罚力度，根据惩罚力度不同，本研究将其设置为从 1 到 5 的自然数，后文变量定义中会具体介绍各个试点碳市场的履约惩罚力度。*intensity* 表示历史强度法，*grandfather* 表示历史排放法，*benchmark* 表示标杆法。具体来说，如果试点碳市场对 i 企业在 t 年采用的碳配额分配方法为历史强度法，则取值为 1，其他情况则取值为 0，其他两种方法以此类推。在式（5.2）中，本研究控制了城市、行业和时间固定效应，可以排除在城市层面和行业层面不随时间变化的混杂因素。其余的变量与基准双重差分模型中的变量设定一致，此处不再进行赘述。本研究此次回归所使用的样本为试点地区 2011 年至 2016 年的样本，因为前文已经证明了碳交易试点政策可以显著促进企业出口绿色技术含量的提升，本章主要分析碳交易不同政策对企业出口绿色技术含量的影响，故本章的样本就只用聚焦于处在政策实施时间范围内的试点地区的企业，可以有效避免一些混杂因素的干扰。

5.1.3 变量定义

5.1.3.1 碳配额分配总量

碳市场的覆盖范围确定了该市场的基础碳排放量，而碳配额分配总量就是在基础碳排放量的基础上结合碳市场在未来的减排目标所确定的可允许的碳排放总量。各个碳试点地区在设定碳配额分配总量时考虑了自身的经济发展状况，故碳配额分配总量有所不同。对碳配额分配总量取对数后，本研究用 *lnpe* 表示该变量。

5.1.3.2　纳入企业数量

各个试点碳市场每年都会根据自身碳排放情况确定该碳市场纳入企业的数量，对纳入企业数量取对数后，用 *lnnumber* 表示该变量。

5.1.3.3　核证减排量抵消（CCER）交易量

核证减排量抵消是指对通过清洁项目产生的减排量进行核验证明，并在碳交易所注册登记的核证自愿减排量。核证减排量抵消交易量则是指碳市场的纳入企业可以向开展了碳抵消项目的企业购买可用于抵消自身碳排放量的核证量。各个试点碳市场均将 CCER 交易作为自身碳市场运行的重要补充形式，对各个试点碳市场的 CCER 交易量取对数后，用 *lnccer* 表示该变量。

5.1.3.4　履约惩罚力度

如果企业未能按时提交核查报告并且未能按时履约，各个试点地区对其会有惩罚机制，可能会对此类企业处以罚款的试点碳市场有北京、上海、湖北和广东，不处以罚款仅要求限期整改、公开通报或不享有激励政策的试点碳市场有天津和重庆。就惩罚强度而言，上海的惩罚力度最大，未足额上缴配额的企业会被按照市场价格的 5 ~ 10 倍罚款，而天津和重庆对企业的约束力度相对较弱。各试点地区的履约惩罚力度如表 5 - 1 所示。本研究用 *punish* 表示惩罚力度，根据各试点地区对企业未上缴配额履约的罚款力度的不同，将指标设置为 1 ~ 5 的自然数，即对于限期整改的天津碳市场和重庆碳市场取值为 1，对于按照 1 ~ 3 倍市场价格罚款的湖北碳市场和广东碳市场取值为 2，以此类推。

表 5 - 1　　履约惩罚力度

项目	北京	天津	上海	湖北	广东	深圳	重庆
处罚力度	3~5倍市场价格罚款	限期整改	5~10倍市场价格罚款	1~3倍市场价格罚款	1~3倍市场价格罚款	3倍市场价格罚款	限期整改

注：数据来源于各省（市）碳排放权管理办法，经作者整理。

5.1.3.5　配额分配方式

试点碳市场在向企业分配碳配额时主要采用两种方式，一种是配额全部免费发放给纳入企业，另一种是采用部分配额拍卖与部分配额免费分配相结合的混合分配方式。以欧盟碳市场为主的部分碳市场已经大幅提高了拍卖配额在配额分配中的比例，并建立起了较为完善的拍卖运行体系。本书研究期间各个碳市场的配额分配方式如表 5 - 2 所示。本研究用 *mode* 表示配额分配方式，它为虚拟变量，如果某试点碳市场采用了混合分配方式，则该试点地区的企业样本赋值为 1，否则赋值为 0。

表 5 - 2　　配额分配方式

分配方式	碳市场						
免费分配	北京（2013—2016 年）	湖北（2015—2016 年）	上海（2014—2015 年）	深圳（2014—2016 年）		天津（2013—2016 年）	重庆（2013—2016 年）
混合分配		湖北（2014 年）	上海（2013 年、2016 年）	深圳（2013 年）	广东（2013—2016 年）		

注：数据来源于各省（市）碳排放权管理办法，经作者整理。

5.1.3.6　配额分配方法

配额的初始分配是碳市场的核心要素，是决定市场运行平稳性、有效性以及减排效果的关键要素，对控排企业的影响最为直接，也是中国碳市场建设从试点走向全国过程中最为关键的任务之一。常见的配额分配方式有两种，即有偿分配和免费分配，而中国七个碳交易试点绝大部分采用的是免费分配方式。免费分配是指企业无须购买碳配额，政府将碳配额免费分配给企业，而在免费分配时所采用的计算方法包括历史排放法、历史强度法和标杆法。由于地区和行业的异质性，各试点地区政府制定了适合本地区具体情况的碳配额分配政策，对不同覆盖行业引入了不同的配额分配方法，如表 5－3 所示。历史排放法和历史强度法是指依据企业过去几年的碳排放量或碳排放强度分配碳配额，而标杆法是指根据产品或行业的排放基准（平均值或先进值）来确定碳配额数量。本研究用 *intensity* 表示历史强度法、用 *grandfather* 表示历史排放法、用 *benchmark* 表示标杆法。具体来说，如果试点省份对 i 企业在 t 年采用的碳配额分配方法为历史强度法，则取值为 1，其他情况则取值为 0，其他两种方法以此类推。

表 5－3　　按行业划分的碳配额分配方法

试点碳市场	标杆法	历史排放法	历史强度法
北京	电力、热力行业（2017—2018 年）	除电力、热力以外的所有管控行业	电力、热力行业（2013—2016 年）
天津	电力、热力行业	钢铁、化工、石化、炼油等行业	
上海	电力、热力行业	钢铁、石化、化工、有色、建材、纺织、造纸、橡胶及化纤等行业	
湖北	电力、热力、水泥行业	钢铁、化工等行业	
广东	电力、热力、水泥、钢铁行业	石化、造纸、塑料等行业	
重庆		管控范围内的所有行业	
深圳	管控范围内的所有行业		

注：数据来源于各省（市）碳排放权管理办法，经作者整理。

本章在研究不同试点地区对企业出口绿色技术含量的影响时所使用的样本与第 4 章的样本相同。本章在研究政策设计对企业出口绿色技术含量的影响时使用的样本为试点地区 2011 年至 2016 年的样本，因为前文已经证明了碳交易试点政策可以显著促进企业出口绿色技术含量的提升，故样本就只用聚焦在政策实施时间范围内的试点地区的企业，从而避免一些混杂因素的干扰。政策设计分析中，各试点地区碳配额分配总量、纳入企业数量、CCER 交易量、履约惩罚力度、配额分配方式和配额分配方法的数据来源于各省（市）碳排放权管理办法，作者对其进行了收集和整理。

5.2 不同试点碳市场对企业出口绿色技术含量的影响实证分析

5.2.1 基准结果分析

本研究基于式（5.1）对各个碳试点地区所产生的异质性效果进行实证分析，具体回归结果如表5－4所示。表5－4中，被解释变量为出口绿色技术含量 *lnegs*，第1列中没有加入控制变量、城市时间趋势项和行业时间趋势项，第2列至第4列逐步加入了控制变量、城市时间趋势项和行业时间趋势项。第1列至第4列的结果显示，北京碳市场的双重差分系数最高且显著为正，分别为1.589、1.580、1.637和1.576；其次是湖北碳市场的双重差分系数，结果显著为正，分别为0.967、0.976、0.973和0.899。以上结果说明在这些碳市场中，北京对于企业出口绿色技术含量的提升效果最好，湖北次之。然而，广东碳市场和天津碳市场的双重差分系数虽然为正，但并不显著，重庆碳市场的双重差分系数也并不显著，并且系数最小，第4列中它的系数仅为0.005。这也就说明与其他碳市场相比，重庆碳市场对于企业出口绿色技术含量的提升效果不好。值得注意的是，本研究分试点地区实证研究的结论与相关针对中国各试点碳市场发育程度对比研究的结论存在一定相似性（傅京燕和黄芬，2016；胡东滨等，2017；易兰等，2018；王勇等，2021）。这些研究大多采用构建多个维度的评价指标体系，并运用层次分析和因子分析等不同方法对中国各个试点碳市场进行综合评价，这与本研究所用的实证研究的方法截然不同。但正是本研究与现有相关研究文献在结论上的一致性，体现了本研究结论的科学性。在有效提升企业出口绿色技术含量上，北京碳市场和湖北碳市场的提升效果最好，其余碳市场次之，这自然与北京碳市场和湖北碳市场使用的制度体系分不开。接下来，本研究将从制度体系出发分析北京碳市场和湖北碳市场取得上述提升效果的可能原因。

表 5-4　　分试点地区分析

项目	(1)	(2)	(3)	(4)
	lnegs	lnegs	lnegs	lnegs
$pilot_{bj} \times post$	1.589*** (0.292)	1.580*** (0.313)	1.637*** (0.317)	1.576*** (0.318)
$pilot_{hb} \times post$	0.967*** (0.221)	0.976*** (0.217)	0.973*** (0.219)	0.899*** (0.221)
$pilot_{gd} \times post$	0.406 (0.381)	0.586 (0.381)	0.557 (0.381)	0.439 (0.384)
$pilot_{sh} \times post$	0.656*** (0.201)	0.641*** (0.211)	0.623*** (0.201)	0.642*** (0.201)
$pilot_{cq} \times post$	0.213 (0.135)	0.0221 (0.131)	0.001 (0.131)	0.005 (0.131)
$pilot_{tj} \times post$	0.737 (0.508)	0.460 (0.576)	0.453 (0.569)	0.537 (0.571)
控制变量	NO	YES	YES	YES
年份固定效应	YES	YES	YES	YES
企业固定效应	YES	YES	YES	YES
城市时间趋势项	NO	NO	NO	YES
行业时间趋势项	NO	NO	YES	YES
Observations	10 225	10 225	10 225	10 225
R-squared	0.798	0.809	0.809	0.809

5.2.1.1　北京碳市场提升出口绿色技术含量效果最好的原因分析

北京碳市场对于企业出口绿色技术含量的提升效果较好，可能是由于以下几点原因：市场活跃度较高、注重顶层设计、重视监测、报告与评估（MRV）制度建设、严格管控交易风险。这就使北京碳市场的碳价格波动较小，始终保持平稳，处于较高水平，市场流动性高，更好地保证了碳市场的市场属性，发挥了碳价格发现功能，激发了控排企业参与碳交易的积极性，从而使控排企业加大绿色技术研发，积极优化自身的资源配置，最终提高了出口绿色技术含量。

(1) 市场活跃度。在全国七个试点碳市场之中，北京碳市场的碳配额占所有试点碳市场总量的4.3%，其成交量占到了所有试点碳市场成交量的19%，成交额占到了所有试点碳市场成交额的20%，同时，截止到2022年，北京碳市场累计申请开户机构已经达到了940多家，可以发现北京碳市场的活跃度非常高。

(2) 顶层设计。现有对于北京碳市场的具体研究大都认为相较于中国其他的试点碳市场，北京碳市场的建设更为注重顶层设计，同时也构建了比较完备的“1+1+N”政策法规体系。具体来说，北京碳市场完备的“1+1+N”政策法规体系中的两个“1”分别为2013年12月27日出台的“北京市人大立法(1)”和2014年5月28日出台的“地方政府规章(1)”，而“N”主要是指近年来北京市政府出台的交易规则及配套细则、行政处罚自由裁量权规定和碳排放权交易规则及细则等多达20余项政策文件。系统完备的政策法规体系使北京碳市场的各项建设运行工作规范有序，为北京碳市场运行提供了坚实的法律基础和政策制度保障，也有利于碳市场的平稳运行，更为发挥出碳市场的市场属性提供了方便。

(3) MRV制度。在MRV制度建设方面，北京碳市场也走在了其他试点碳市场的前列。比如北京碳市场率先对企业新增的固定资产投资项目实行碳评价，从源头上遏制企业的碳排放量。北京碳市场也首先实行核查机构和核查员双备案制，对企业提交的碳排放报告进行第三方核查。同时，北京碳市场还组织专家进行评审，进行核查机构第四方交叉抽查。北京碳市场的这些措施切实保障了企业提交碳排放数据的质量，使企业在报告碳排放量时不能弄虚作假。因此，北京碳市场对于MRV制度建设方面的重视使企业提交的碳排放报告数据较为真实，在较强的监测核查压力之下，企业会更有动力去通过绿色技术创新渠道来减少碳排放量，最终会带来出口绿色技术含量的提高。

(4) 交易风险。北京碳市场也使用了多种机制去防范碳交易风险，这些机制主要包括诚信保证金制度、监察检查制度、交易纠纷解决制度、涨跌幅限制制度、最大持仓量限制制度、风险警示制度和自然人投资者教育制度等。这些独特的机制设计，使碳市场的层次十分丰富，碳市场的参与主体也较为全面，从而使碳交易风险不高，碳价格波动幅度不大，碳价格较为平稳合理地上升，有效调动了企业进行碳交易的积极性，从而在提升出口绿色技术含量上取得了不错的效果。

5.2.1.2　湖北碳市场提升出口绿色技术含量效果较好的原因分析

湖北碳市场在提升企业出口绿色技术含量上表现较好的原因可能是以下三点，即湖北碳市场较大的控排规模、独特的价格稳定机制和创新的碳配额管理设计。这保证了湖北碳市场自身的良好运行，也使其成为所有试点碳市场中交易规模最大的市场。

（1）控排规模。湖北碳市场的市场交易规模和控排规模在全国各个试点碳市场中排名第一。截至 2020 年 12 月 31 日，湖北碳市场 2020 年的碳配额成交总量已经达到 3.56 亿吨，交易额达到 83.51 亿元，分别占全国七个碳市场碳配额成交总量的 55% 和交易额的 62%。同时截至 2022 年，湖北碳市场已经纳入企业 332 家，这些企业的碳排放量总计达到了 3 亿吨左右，达到湖北省总碳排放量的 45%；而这些控排企业的总产值也已经达到 1 万亿元左右，达到湖北省总产值的 30%。巨大的交易规模和控排规模使湖北省内的污染企业不得不参与碳市场并进行绿色转型升级，从而影响了出口绿色技术含量。

（2）价格稳定机制。湖北碳市场在维持碳价格稳定上也走在了全国碳市场的前列。湖北碳市场设计了一套有效维持碳价格稳定的配额管理机制，该机制主要包括配额分类管理、配额自动注销和配额事后调节等。这套机制使碳配额供给具有弹性，增强了碳市场的可预见性，有效避免碳配额供需不等造成的碳价剧烈波动的情况。与此同时，湖北省碳市场还借鉴股票市场的经验，将价格涨跌幅限制应用在碳市场中，有效防止碳价格在短期内发生过大波动，从而影响碳市场的平稳运行。

（3）碳配额管理设计。湖北碳市场在碳配额管理上进行了创新设计。湖北碳市场将配额总量划分为三部分，分别是企业初始配额、企业新增预留配额和政府预留配额。企业初始配额占配额总量的绝大部分，其余为政府预留配额和企业新增预留配额。湖北碳市场可以灵活利用两类预留配额来应对配额失衡的突发情况。预留配额的作用是避免碳配额出现短缺的情况。具体而言，当企业分配到的初始碳配额和其实际排放的碳排放量出现了巨大偏差之后，企业新增预留配额可以用于对企业初始碳配额进行调节。而政府预留配额的目的是通过配额的投放和回收，对碳市场进行调控，促进碳价格的发现功能，避免交易市场供需严重失衡，从而提高风险防范能力，切实保障碳市场的健康运行。

整体来看，北京碳市场和湖北碳市场在碳成交额和成交量上都处在几个试点碳市场的前列，并且由于其纳入企业多、排放量大，故市场机制完备、先进、灵活。与此同时，北京碳市场和湖北碳市场凭借它们在政策设计上的先进性，使它们的碳市场成熟度高于其余试点碳市场，因此可以有效发挥碳市场的市场属性和价格发现功能，激励企业进行绿色技术研发，有效提升了企业的出口绿色技术含量。因此，全国碳市场的制度优化设计应该参考、借鉴北京碳市场和湖北碳市场的相关政策设计，以达到更好的政策效果。

5.2.2 稳健性检验

5.2.2.1 替换政策实施节点

由于2013年6月之后中国七个碳市场才开始陆续启动，上文对各个碳市场的效果分析可能会受到政策实施节点不同的影响，因此本研究以2013年为政策实施时间点，随后按照式（5.1）进行实证回归检验。具体的回归结果如表5－5所示。根据表5－5，从第1列至第4列的结果可以看出，在更换政策实施节点后，北京碳市场和湖北碳市场的双重差分系数虽然较表5－1中的系数有所降低，但依然在试点碳市场中排名靠前；重庆碳市场的系数依然不显著且为负值。上述数据说明在提升企业出口绿色技术含量的效果方面，北京碳市场的提升效果最好，湖北碳市场次之，与上文得出的结果保持一致。

表 5-5　　分试点地区检验——更换政策时间节点

项目	(1)	(2)	(3)	(4)
	lnegs	*lnegs*	*lnegs*	*lnegs*
$pilot_{bj} \times post$	0.703*** (0.268)	0.707** (0.283)	0.744*** (0.285)	0.677** (0.286)
$pilot_{hb} \times post$	0.632*** (0.190)	0.663*** (0.186)	0.657*** (0.188)	0.562*** (0.189)
$pilot_{gd} \times post$	0.209 (0.301)	0.410 (0.301)	0.390 (0.301)	0.261 (0.302)
$pilot_{sh} \times post$	0.563*** (0.189)	0.504*** (0.131)	0.491*** (0.101)	0.407*** (0.112)
$pilot_{cq} \times post$	0.0839 (0.105)	-0.0734 (0.104)	-0.0894 (0.104)	-0.0897 (0.104)
$pilot_{tj} \times post$	0.00124 (0.674)	0.156 (0.657)	0.155 (0.653)	0.0686 (0.655)
控制变量	NO	YES	YES	YES
年份固定效应	YES	YES	YES	YES
企业固定效应	YES	YES	YES	YES
城市时间趋势项	NO	NO	NO	YES
行业时间趋势项	NO	NO	YES	YES
Observations	10 225	10 225	10 225	10 225
R-squared	0.797	0.808	0.808	0.808

5.2.2.2　排除宏观经济因素

各个碳试点地区对企业出口绿色技术含量的影响存在不同，这可能是由于不同试点地区的经济发展水平、研发投入强度、金融发展水平、产业结构和能源消费结构等存在不同，这些宏观经济因素可能会影响企业的产品生产行为，对本研究的结果产生干扰。因为本研究在式（5.1）中加入了省份固定效应与时间固定效应的交乘项，在回归过程中，该交乘项可以吸收企业所在省份随时间变化的宏观经济因素，从而控制各试点地区的宏观经济因素。具体的回归结果如表 5－6 所示，第 1 列没有加入控制变量，第 2 列加入了控制变量。结果发现，北京碳市场的系数显著为正，分别为 1.435 和 1.405，湖北碳市场的系数分别为 0.756 和 0.955。在这些碳市场的双重差分系数中，北京碳市场的系数最高，其次是湖北碳市场的系数，该结果与上文结果相同。以上结论说明在排除试点地区的宏观经济影响因素之后，本研究的结果并没有发生太大改变，进一步验证了本研究结果的稳健性。

表 5－6　　排除宏观经济因素

项目	(1)	(2)
	lnegs	*lnegs*
$pilot_{bj} \times post$	1.435*** (0.299)	1.405*** (0.320)
$pilot_{hb} \times post$	0.756*** (0.205)	0.955*** (0.215)
$pilot_{gd} \times post$	0.0705 (0.387)	0.136 (0.383)
$pilot_{sh} \times post$	0.623*** (0.234)	0.657*** (0.231)
$pilot_{cq} \times post$	0.129 (0.139)	-0.0805 (0.134)
$pilot_{tj} \times post$	0.721 (0.513)	0.697 (0.573)
控制变量	NO	YES
年份固定效应	YES	YES
企业固定效应	YES	YES
城市时间趋势项	YES	YES
行业时间趋势项	YES	YES
Observations	10 225	10 225
R - squared	0.798	0.809

5.3 政策设计对企业出口绿色技术含量的影响实证分析

5.3.1 基准结果分析

本研究基于式（5.2）就不同政策设计对企业出口绿色技术含量所产生的异质性效果进行实证分析，具体回归结果如表 5-7 所示。表 5-7 中，第 1 列没有加入控制变量、城市固定效应、行业固定效应和时间固定效应，第 2 列到第 4 列逐步加入控制变量、时间固定效应、行业固定效应和城市固定效应。接下来，本研究根据回归结果分析制度设计要素对企业出口绿色技术含量的影响，并分析其中可能存在的原因。

5.3.1.1 碳配额分配总量的影响

根据表 5-7，碳配额总量 *lnpe* 的系数均在 1% 的水平下显著且均为负，第 4 列结果中碳配额总量 *lnpe* 的系数为 -0.147，说明碳市场分配的碳配额总量越多，越不利于企业出口绿色技术含量的提升。碳市场碳配额总量的设定是在经济体最初始碳排放量的基础上确定其在未来一定时间内累计可以允许的碳排放量。为了应对气候变化问题，中国向世界承诺了具体的国内碳减排目标，因此碳市场就需要结合碳减排目标来设定一个合理的碳排放减少量，特别是在当前碳达峰和碳中和背景下，碳市场就需要设定一个较低的碳配额总量。由于碳配额总量的设定完成后，就是相当于确定了碳配额的供给数量，碳市场价格也根据碳配额供给数量确定。碳配额总量的设定值越低，经济体实际的碳排放总量就越有可能会高于碳市场预先设定的总量，碳配额价格就会越高。碳配额总量的设定值越高，经济体实际的碳排放总量就越有可能会低于碳市场预先设定的总量，这就导致碳配额价格越低。当碳价格过低时，企业参与碳交易的积极性就不高，特别是当企业选择违约被罚款的成本低于碳价时，企业就不会主动进行减排。目前，欧盟碳市场和其他国际上已建成的碳市场经历过失败的根本原因大都与其碳配额总量设定得过高有关。因此，当碳配额总量设定得过高时，可能导致碳价较低，不利于激发企业进行创新，企业可能会无视碳市场的约束，继续生产高污染产品，继而不利于企业出口绿色技术含量的提升。根据表 5－7，纳入企业数量 *lnnumber* 的系数从第 1 列到第 4 列均不显著，说明碳市场的纳入企业数量对企业出口绿色技术含量不会造成显著影响。

5.3.1.2 CCER 交易量的影响

根据表 5－7，核证减排量抵消交易量 *lnccer* 的系数在第 1 列到第 4 列中均显著为负，第 4 列的系数为 －0.319，说明 CCER 交易量越多，越不利于企业出口绿色技术含量的提升。虽然 CCER 交易是碳交易的一项重要补充形式，也是提高碳市场活跃度的重要路径，在一定程度上有利于全国碳市场的统一建设。但目前我国碳市场和 CCER 交易市场都处在起步阶段，过量的 CCER 交易量可能会对碳市场碳配额的需求量产生冲击，降低碳市场的碳配额需求量，使供需不平衡，拉低碳价格，不利于企业主动进行履约，降低碳市场给企业带来的减排效果，不利于企业出口绿色技术含量的提升。

5.3.1.3 履约惩罚力度的影响

根据表 5－7，经济处罚 *punish* 的系数在第 1 列到第 4 列中均显著为正，第 4 列的系数为 1.539，说明经济处罚有利于企业出口绿色技术含量的提升。这可能是因为若没有经济惩罚或惩罚力度较低，当试点地区纳入企业的履约成本小于罚金时，企业会自然选择违约，继续生产高污染的产品，这就导致处罚机制失去威慑力，碳市场的价格发现功能降低，从而不利于企业主动进行绿色技术创新，最终的结果是降低企业的出口绿色技术含量。因此，越严格的履约惩罚制度可能越利于企业资源配置优化，企业更有动力主动进行绿色技术革新，从而促进出口绿色技术含量的提升。

5.3.1.4　配额分配方式的影响

根据表 5-7，配额分配方式 *mode* 的系数在第 1 列到第 4 列中均显著为正，第 4 列的系数为 0.746，说明混合分配方式有利于企业出口绿色技术含量的提升。目前，欧盟碳市场都已将公开拍卖作为配额有偿分配的主要分配方式。将配额部分拍卖与配额部分免费分配结合的混合分配法相较于配额全部分配的分配方法可能更有效率，因为公开拍卖的优点在于简单，同时配额拍卖也能引导碳配额的价格发现功能，在一定程度上可以稳定碳市场参与方的心理预期，保证碳价格信号的有效性，从而优化配额配置效率。因此相较于全部免费分配的方式，配额混合分配方式更有利于企业出口绿色技术含量的提升。

5.3.1.5　配额分配方法的影响

根据表 5-7，三种配额分配方法（历史排放法 *grandfather*、标杆法 *benchmark* 和历史强度法 *intensity*）的系数中，只有标杆法 *benchmark* 的系数是显著为正的，在第 4 列中它的系数为 1.168，而历史排放法 *grandfather* 和历史强度法 *intensity* 的系数不显著。这就说明标杆法 *benchmark* 对企业出口绿色技术含量的提升作用要显著优于历史排放法 *grandfather* 和历史强度法 *intensity*。其中的差异可能是因为不同配额分配方法对企业内在绿色技术创新的激励效果不同，由于标杆法 *benchmark* 是根据行业的先进排放基准确定配额分配结果，具有鼓励先进的作用（宋德勇等，2021）。为了达到行业先进水平、多获得免费配额，继而在市场上卖出多余配额获得收益，企业进行绿色技术创新的意愿和动力增加，绿色技术创新水平的提高将带动出口绿色技术含量的提升。而历史强度法 *intensity* 和历史排放法 *grandfather* 均是以过去的排放为确定配额的标准，过去排放量多的企业，得到的配额就多，不利于企业间的排放公平，可能会出现“鞭打快牛”的问题，故对企业进行绿色技术创新的激励效果不明显。因此，标杆法 *benchmark* 对提升企业出口绿色技术含量的促进作用优于历史强度法 *intensity* 和历史排放法 *grandfather*。

表 5-7　　政策设计特征分析

项目	(1)	(2)	(3)	(4)
	lnegs	lnegs	lnegs	lnegs
lnpe	-0.301**	-0.811***	-0.361***	-0.147***
	(0.120)	(0.350)	(0.081)	(0.07)
lnnumber	0.462	0.495	0.376	0.21
	(0.135)	(0.571)	(0.673)	(0.634)
lnccer	-0.166*	-0.541***	-0.418***	-0.319***
	(0.0986)	(0.126)	(0.113)	(0.101)
punish	2.439***	2.107***	1.529*	1.539*
	(0.538)	(0.646)	(0.804)	(0.824)
mode	1.505***	1.413***	0.991***	0.746***
	(0.234)	(0.305)	(0.309)	(0.072)
grandfather	-0.549	-0.354**	-0.638	-0.874
	(0.185)	(0.177)	(0.574)	(0.701)
benchmark	1.566***	1.135***	1.540***	1.168**
	(0.322)	(0.291)	(0.341)	(0.496)
intensity	1.111	1.552	1.108	1.847
	(1.882)	(2.683)	(2.562)	(3.177)
控制变量	NO	YES	YES	YES
行业固定效应	NO	NO	NO	YES
城市固定效应	NO	NO	YES	YES
年份固定效应	NO	YES	YES	YES
城市时间趋势项	YES	YES	YES	YES
行业时间趋势项	YES	YES	YES	YES
Observations	2 250	2 250	2 250	2 250
R - squared	0.113	0.217	0.354	0.595

5.3.2 稳健性检验

为了消除各个碳试点地区不同的宏观经济因素对企业出口绿色技术含

量存在的干扰，本研究依据上文的实证思路，在式（5.2）中加入省份固定效应与时间固定效应的交乘项，它可以有效吸收企业所在省份随时间变化的宏观经济因素，从而控制各试点地区的宏观经济因素。具体的回归结果如表5－8所示。根据表5－8，*lnpe*的系数显著为正，*lnnumber*的系数不显著，*lnccer*的系数显著为负，*punish*的系数显著为正，*mode*的系数显著为正，*grandfather*的系数不显著，*benchmark*的系数显著为正，*intensity*的系数不显著，这验证了本研究结果的稳健性。此外，进一步地说明碳市场的碳配额总量设定严格、CCER交易量不多、履约惩罚严格、配额分配方式中加入拍卖机制以及配额免费分配时采用标杆法将利于企业出口绿色技术含量的提高。

表5－8　政策设计的稳健性检验

项目	(1)	(2)
	lnegs	*lnegs*
lnpe	0.0951***	0.148**
	(0.0317)	(0.0672)
lnnumber	0.166	0.296
	(0.616)	(0.617)
lnccer	−0.117**	−0.113**
	(0.0557)	(0.0491)
punish	0.811***	1.627**
	(0.219)	(0.811)
mode	0.642***	0.741**
	(0.211)	(0.371)
grandfather	−0.876	−0.889
	(0.722)	(0.803)
benchmark	0.572**	1.225**
	(0.247)	(0.482)
intensity	1.458	1.693
	(2.424)	(3.177)
控制变量	NO	YES

续表

项目	(1)	(2)
	lnegs	*lnegs*
行业固定效应	YES	YES
城市固定效应	YES	YES
年份固定效应	YES	YES
城市时间趋势项	YES	YES
行业时间趋势项	YES	YES
Observations	2 250	2 250
R - squared	0. 113	0. 217

5.4 本章小结

本章在第 4 章模型和数据的基础上，通过分试点地区分析模型和政策设计分析模型，实证检验了六个试点碳市场和六个重要且可以量化的政策设计要素对企业出口绿色技术含量的异质性影响。

首先，本章通过调整双重差分模型自主构建了分试点地区分析模型，实证检验了不同试点碳市场对企业出口绿色技术含量的异质性影响。就提升企业出口绿色技术含量而言，北京碳市场的提升效果最好，其次是湖北碳市场。本章根据上述实证结果从制度体系出发，分析了北京碳市场和湖北碳市场表现优异的原因，即北京碳市场表现优异的原因可能是市场活跃度较高、注重顶层设计、重视 MRV 制度建设和严格管控交易风险，而湖北碳市场表现优异的原因可能是较大的控排规模、独特的价格稳定机制和创新的碳配额管理设计。

其次，为了保证结果的稳健性，本章又通过更换碳交易政策时间点重新设置双重差分模型，对上述结论进行实证检验；加入省份固定效应与时间固定效应的交乘项以剔除地区宏观经济因素的影响，从而对上述结论进行实证检验。在这两类稳健性检验方法的验证下，上述结论仍旧稳健。

最后，本章自主构建政策设计分析模型，在考虑了重要且能量化的政策制度的前提下，从政策设计中选取碳配额分配总量、纳入企业数量、

CCER、企业履约惩罚力度、配额分配方式和方法等指标，实证研究它们对出口绿色技术含量的异质性影响。结果发现，碳市场的碳配额分配总量越多、CCER 交易量越多、履约惩罚力度越弱，越不利于企业出口绿色技术含量的提升。而采用混合分配方式和在分配碳配额时采用标杆法的做法则有利于企业出口绿色技术含量的提升。

本章从不同试点地区、不同政策设计层面出发分析碳市场对企业出口绿色技术含量的异质性影响，有助于为全国碳市场的优化完善提供政策设计层面上的参考。由于企业所处外部环境和企业自身内部环境存在不同，碳交易试点政策对企业出口绿色技术含量的影响也会存在不同。为了对不同企业实行更为有效的管理，接下来本研究将从企业所处的外部环境和内部环境出发，通过分样本检验与三重差分模型实证分析碳交易试点政策对出口绿色技术含量的异质性影响效果，从而得到更为丰富的结果。

第6章

碳交易试点政策对异质性企业出口绿色技术含量影响的实证分析

第5章从试点地区异质性和政策设计异质性出发实证分析了碳交易试点政策对企业出口绿色技术含量的影响。鉴于企业所处外部环境和内部环境存在不同，根据异质性企业理论，本章在双重差分模型的基础上构建企业异质性分析模型，从企业所处地区的官员晋升压力程度、财政分权程度和市场化水平等外部环境出发实证分析碳交易试点政策对出口绿色技术含量的异质性影响；从企业产权性质、机构投资者持股比例、高管教育背景、高管股权激励程度和社会责任等内部环境出发实证探究碳交易试点政策的异质性效果。上述分析有助于为提升企业出口绿色技术含量提供针对性的参考依据。

6.1 企业异质性分析模型设定与变量选取

本章的模型主要分为企业外部异质性分析模型和企业内部异质性分析模型，它们分别从企业所处的外部环境和内部环境出发研究碳交易试点政策对企业出口绿色技术含量的不同影响。

6.1.1 企业外部异质性分析模型

碳交易试点政策理论上实现碳减排目标的方式就是：设定一个地区的

最高碳排放量，并将这些碳排放权利分配给每个企业。绿色生产技术高的企业不需要那么高的碳排放量，它们会将多余的碳排放权在碳交易市场上出售给污染型企业并获得额外收益，获得额外收益后就有更进一步的碳减排动力去提高绿色生产技术，从而企业整体层面上的绿色生产技术得到提高，继而有利于减少碳排放量。但是，在现实中碳交易市场普遍存在不完全竞争的情形，少数企业很有可能通过购买并储存大量碳配额以谋取垄断收益，以至于市场上的碳配额供给量下降。因此，打造一个接近完全竞争的碳排放权交易市场是提升绿色技术以减少碳排放量的重要前提。而碳排放权在市场上顺利地公平公开交易依赖于政府行为和市场化整体水平等外部条件。

6.1.1.1　官员晋升压力程度和财政分权介绍

地方政府作为环境规制政策的制定者和执行者，其行为对碳交易试点政策的作用效果具有显著影响。由于部分地方政府考虑到当地的经济发展情况和自身绩效考核要求，可能会对企业进行过度干预，影响企业在市场上进行碳配额交易的积极性，从而使碳交易试点政策的落实和执行受到政府行为的干扰而出现异化。其中，官员晋升压力和财政分权就是其中重要的影响因素。如果官员的晋升考核体系中将环境保护列为优先等级，地方政府会意识到环境保护的重要性，会加大环境规制的力度去进行环境治理，出于政绩诉求也会将有限的资源配置到绿色技术开发领域，继而作用于出口绿色技术含量。而财政分权也会影响环境规制的作用效果，较高的财政分权程度将激励地方政府官员加强环境监管，对企业的污染行为容忍度低，会加强碳交易试点政策的执行效率，引导企业研发创新，促使企业进行高质量的绿色创新，最终提升出口绿色技术含量。

6.1.1.2　市场化水平介绍

市场化水平体现了各类生产要素从低效率部门流向高效率部门的便利化程度，同时市场化水平会显著提高企业的生产率（史丹和李少林，2020）。地区的市场化水平越高，生产资源在企业间的流动越加便捷，从而影响企业内部的资源再配置活动和出口绿色技术含量，因此为了提升碳交易试点政策的执行效率，需要实证研究企业所处地区的市场化水平带来的异质性影响。

企业所处地区的外部环境，即当地政府的官员晋升压力程度、财政分权程度和市场化水平可能会影响碳交易试点政策对企业出口绿色技术含量的提升效果，接下来本研究根据齐绍洲等（2018）的研究，基于双重差分模型与虚拟变量的交互项构建外部环境异质性分析模型，实证研究碳交易试点政策对处于不同外部环境企业的出口绿色技术含量的差异性影响。

$$lnegs_{it} = \alpha_0 + \alpha_1 pilot_i \times post_t \times external_k + \alpha_2 pilot_i \times post_t + \alpha_3 pilot_i \times external_k + \alpha_4 post_t \times external_k + \alpha_5 X_{it} + \mu_i + \gamma_t + city * year + sector * year + \varepsilon_{it} \tag{6.1}$$

式（6.1）在基准双重差分模型中加入了外部环境与主要解释变量碳交易试点政策的交互项。外部环境分别为官员晋升压力程度 *opp*、财政分权程度 *fd* 和市场化水平 *market*，它们均为 0 或 1 的虚拟变量。具体而言，本研究首先获取到碳交易试点政策实施前一年各个地区的官员晋升压力程度、财政分权程度和市场化水平。如果地区的官员晋升压力程度高于总样本的中位数，则为高官员晋升压力程度地区，否则为低官员晋升压力程度地区。若企业所属区域为高官员晋升压力程度地区，官员晋升压力程度 *opp* 取值为 1，否则取值为 0。如果地区的财政分权程度高于总样本的中位数，则为高财政分权程度地区，否则为低财政分权程度地区。若企业所属区域为高财政分权程度地区，财政分权程度 *fd* 取值为 1，否则取值为 0。如果地区的市场化水平程度高于总样本的中位数，则为高市场化水平地区，否则为低市场化水平地区。若企业所属区域为高市场化水平地区，市场化水平 *market* 取值为 1，否则取值为 0。在式（6.1）中，最为核心的变量是 $pilot \times post \times external$，根据该变量的系数显著性，则可以分析碳交易试点政策对处于不同外部环境下企业的出口绿色技术含量的差异性影响。式（6.1）中，其余变量与基准双重差分模型中的变量相一致，研究样本与上文保持一致，此处不再赘述。

6.1.2 企业内部异质性分析模型

同样地，企业的内部环境也会影响到碳交易试点政策对企业出口绿色技术含量的提升作用，处于不同内部环境的企业受到碳交易试点政策的影响可能会发生异化。本研究将从产权性质、机构投资者持股比列、高管教育背景、高管股权激励和社会责任出发，研究碳交易试点政策对异质性企业的影响。

6.1.2.1　产权性质介绍

在我国，企业的核心控制主体不同，可能会使碳交易试点政策对企业的影响作用出现显著差异。按照企业产权性质不同，本研究将企业分为国有企业和非国有企业。由于国有企业与地方政府的联系更为紧密，因而相较于非国有企业，它们可以得到地方政府更多的资金支持，具备更多的资源优势，它们的内部经营活动更可能受到地方政府出台的环境规制控制（管亚梅等，2018）。国有企业在享受了更多的资金支持和行政便利的同时，它们面临的环境规制压力也越大，也必须承担更多的社会责任，在生产经营时需要考虑到对环境的影响。因此在面临碳交易试点政策的规制时，它们则会表现得更加积极，主动参与到碳市场中。此外，由于其自身的规模相对较大，企业竞争力普遍较强，它们在碳交易试点政策的规制下，可以利用自身资源优势与行政便利，加强资源整合，积极进行绿色技术创新，从而更好地提升出口绿色技术含量。而对于非国有企业而言，它们与政府的联系并不紧密，并且是以生产经营所产生的利润最大化为目标，在生产时可能不会特别注重对环境的影响。同时，限于自身的规模和竞争力，在面对环境规制效力相对较弱的市场型环境规制碳交易试点政策时，非国有企业的主动参与度可能并不高，也不会主动进行绿色技术革新。因此相较于非国有企业，碳交易试点政策对国有企业出口绿色技术含量的提升作用可能更大。

6.1.2.2　机构投资者持股比例介绍

与个人投资者相比，机构投资者拥有更为扎实的专业知识、更丰富的技术管理经验和更强的信息优势，为了获得长期利益，它们会积极地对被投资企业进行监督和治理，继而对被投资企业的生产经营和投资项目产生影响（黎文靖和路晓燕，2015）。由于碳交易试点政策影响企业的生产成本、环境绩效和声誉，从而可能会对企业的长期绩效产生影响，因此机构投资者会更为积极地关注碳交易试点政策所带的影响。当被纳入碳市场的企业引入了机构投资者后，机构投资者会对企业的经营决策产生有效监督，可以在很大程度上对企业管理层的各类生产经营行为进行约束，避免企业发生短视行为。碳交易试点政策可以促使企业通过进行绿色技术创新实现长期减排，有利于企业长期发展。但是，由于企业的绿色技术创新存在较大的不确定性，并且需要长期资金的支持，企业管理者有可能会存在短视行为，从而阻碍企业加大绿色研发投入、进行绿色技术创新等行为。而根据利益相关者理论，机构投资者的战略眼光较为长远，更为看重企业长期的可持续性收益，也更为看重企业在社会责任和环境保护方面的投入，从而会对企业经营者进行监督，督促企业进行绿色技术创新，最终会带来出口绿色技术含量的提升。因此，相对于机构投资者持股比例较低的企业，碳交易试点政策可以显著提升机构投资者持股比例较高企业的出口绿色技术含量。

6.1.2.3 高管教育背景介绍

由于个人的受教育程度会极大影响价值观和认知能力，因此企业高管团队成员的受教育程度越高，他们进行生产管理经营决策时往往更有可能考虑道德、法律和伦理等方面的约束，表现得更为客观和理性。同时，他们也更有可能考虑不同利益相关者的诉求，更为主动地去承担应有的社会责任。Manner（2010）的研究发现，高管团队成员所受的教育程度越高，意味着他们会具有更多的超前意识，对企业该如何承担社会责任的认知更为清晰，因此在进行企业战略决策时会更多地考虑社会责任层面的因素。此外，高学历的管理者通常会有更高层次的追求，为了维护个人形象和取得良好的声誉，受教育程度高的高管会更加关注企业可持续性发展情况，在对企业履行社会责任和节能环保方面亦有更高的要求。当企业在面临碳交易试点政策时，履约会在一定程度上增加企业的生产成本，需要企业消耗一些资源去进行节能减排，在短期上可能没有收益，但从长远来看，主动参与碳交易会给企业带来长期收益。与之相对应的是，受教育程度低的管理者可能会出现短视行为，无法关注到这种长期收益。因此，相对于高管团队受教育程度较低的企业，碳交易试点政策可以显著提升高管团队受教育程度高的企业的出口绿色技术含量。

6.1.2.4　高管股权激励介绍

现代企业的所有权和经营权是分离的，企业面临环境规制时该采取什么样的决策将受到高管人员的重要影响。高管人员的积极性可以促进企业的创新发展，因此，需要考虑高管人员主观能动性对企业出口绿色技术含量的作用。企业可以通过对高管人员进行股权激励，使高管自身利益和股东利益紧密绑定在一起，使高管做出符合企业长期发展的战略决策。股权激励将使企业高管人员减少短视行为，更加注重企业的长期发展而不是短期经营绩效（于金和李楠，2016）。根据波特假说，在应对碳交易试点政策时，短时间内企业可能会因生产成本增加而降低其市场竞争力，但从长远来看，碳交易试点政策可以激励企业加快绿色技术创新，提高生产率，淘汰高污染产品，而其生产出的环境友好型产品可以获得消费者的青睐，迅速抢占市场，带来创新补偿效应，从而提高企业的竞争力和企业价值。股权激励将减少高管的短视行为，由于高管利益和企业利益绑定在一起，高管为了增加自己的长期收益，会做出积极应对碳交易试点政策的决策，从而加快企业进行绿色技术创新的行动，主动淘汰生产污染产品，生产清洁产品，企业的出口绿色技术含量最终亦会得到提升。因此相对于股权激励低的企业，碳交易试点政策可以有效提升股权激励高的企业的出口绿色技术含量。

6.1.2.5　社会责任介绍

政府为了实现节能减排的目的，通过发布环境规制来约束企业的污染排放，而作为机会主义者的企业在面对强制性的环境规制约束时，很有可能采取消极措施来应对，特别是当企业为改善当前生产状况而进行研发的风险和产生的成本大于排污费或者环保税时，企业就可能会选择接受违反环境规制的成本或者减少产量。当企业选择消极的措施去应对环境规制时，长期来看，企业没有进行节能减排，这与政府执行环境规制的目的不相符，对企业自身而言，也不利于提升其生产绩效。相反，当企业积极履行社会责任时，不仅可以向外界传递积极的价值观，也会向利益相关者树立正向的社会形象。与此同时，积极履行社会责任的企业，可以通过社会责任报告来增加投资者对企业现在或未来经营战略的了解，从而吸引更多投资者的资金支持，进而减少环境规制对企业绩效的消极影响。因此，当企业面临碳交易试点政策时，积极履行社会责任的企业可能会采取加大研发力度、开发绿色产品、采用绿色工艺等积极的措施来应对碳交易试点政策，进而影响碳交易试点政策对企业出口绿色技术含量的提升效果。因此，相对于不积极履行社会责任的企业，碳交易试点政策可以有效促进积极履行社会责任企业的出口绿色技术含量。

6.1.2.6 模型设定

企业自身的内部环境，即产权性质、机构投资者持股比列、高管教育背景、高管股权激励和社会责任可能会影响碳交易试点政策对企业出口绿色技术含量的提升效果，接下来，本研究基于双重差分模型构建内部环境异质性分析模型，实证研究碳交易试点政策对处于不同内部环境下企业的出口绿色技术含量的差异性影响。

$$
\begin{aligned}
lnegs_{it} = {} & \alpha_0 + \alpha_1 pilot_i \times post_t \times internal_k + \alpha_2 pilot_i \times post_t + \alpha_3 pilot_i \\
& \times internal_k + \alpha_4 post_t \times internal_k + \alpha_5 X_{it} + \mu_i + \gamma_t + city * year \\
& + sector * year + \varepsilon_{it}
\end{aligned} \tag{6.2}
$$

式（6.2）是在基准双重差分模型中加入了内部环境 *internal* 与主要解释变量碳交易试点政策的交互项，内部环境 *internal* 分别为产权性质 *state*、机构投资者持股比列 *institution*、高管教育背景 *education*、高管股权激励 *incentive* 和社会责任 *responsibility*，它们均为 0 或 1 的虚拟变量。具体而言，本研究首先获取到碳交易试点政策实施前一年样本企业的产权性质、机构投资者持股比例、高管教育背景、高管持股比例和社会责任指数。如果企业为国有企业，则企业产权性质 *state* 取值为 1，否则取值为 0。如果企业的机构投资者持股比例大于总样本企业的中位数，则机构投资者持股比列 *institution* 取值为 1，否则取值为 0。本研究使用高管团队中具有硕士及以上学历的人数与高管总人数的比值来衡量高管团队的受教育程度，如果企业高管的受教育程度高于总样本企业高管受教育水平的中位数，则高管教

育背景 *education* 取值为 1，否则取值为 0。本研究用企业高管的持股比例来衡量股权激励程度，如果企业高管的持股比例高于总样本企业高管持股比例的中位数，则高管股权激励 *incentive* 取值为 1，否则取值为 0。本研究用企业的每股社会贡献值来衡量社会责任，如果企业每股社会贡献值高于总样本企业每股社会贡献值的中位数，则社会责任 *responsibility* 取值为 1，否则取值为 0。在后文中，本研究将详细介绍上述变量的定义与测算方法。在式（6.2）中，最为核心的变量是 $pilot \times post \times internal$，根据该变量的系数显著性，则可以分析碳交易试点政策对处于不同内部环境下企业的出口绿色技术含量的差异性影响。式（6.2）中其余的变量与基准双重差分模型中的变量一致，研究样本与上文保持一致，此处不再赘述。

6.1.3　变量定义

6.1.3.1　外部环境变量

（1）官员晋升压力程度。目前，GDP 仍然是地方官员的重要考核指标之一。因此，本研究参考吴非等（2017）对官员晋升压力指标的衡量方法，先用某省所处地区板块（东部、中部、西部）的 GDP 增长率减去该省自身的 GDP 增长率得到两者之间的差值，再用上述差值与板块 GDP 增长率的比值来衡量地方官员晋升压力。如果比值大于 0，则表明该省的经济绩效较差，官员的晋升压力较大。本研究用 *opp* 表示官员晋升压力程度。

（2）财政分权。财政分权是指中央政府将一些特定职责、财政收入的管理权限下放给地方政府，财政分权实质就是地方政府拥有了一定的财政自主权，可以自主制定政策，并决定其预算收入与支出的规模和方向。本研究根据陈硕和高琳（2012）的研究，以地区预算内财政收入与预算内财政支出之比作为财政分权程度的衡量指标。该值越大，则表明财政分权程度越高；反之，则财政分权程度越低。本研究用 *fd* 表示财政分权程度。

（3）市场化水平。市场化水平是指社会经济制度由政府管制的计划经济转向市场经济的过程，它也体现了各类生产要素从低效率部门流向高效率部门的便利化程度。本研究根据 Chen 等（2021）的做法，采用中国各省的总体市场化指数衡量各省的市场化水平（王小鲁等，2019）。本研究用 *market* 表示市场化水平。

6.1.3.2 内部环境变量

（1）产权性质。本研究根据产权性质将企业分为国有企业和非国有企业，它为虚拟变量。本研究用 *state* 表示产权性质，当企业为国有企业时，*state* 取值为1，否则取值为0。

（2）机构投资者持股比例。使用自有或筹集资金从事股票投资活动的法人机构被称为机构投资者。机构投资者持股比例则是指机构投资者持有企业的股票份额占企业总股本的比例。本研究用 institution 表示机构投资者持股比例。

（3）高管教育背景。对于高管的教育背景，现有文献通常使用企业高管团队的学历来衡量高管教育背景。本研究使用企业高管团队的学历来衡量高管团队的受教育程度，如果企业的高管受教育水平高于总样本企业高管受教育水平的中位数，则高管教育背景 *education* 取值为1，否则取值为0。

（4）高管股权激励。高管股权激励是指高管持有企业的股票比例，股权激励可以降低企业的委托代理成本，将高管的自身利益与股东利益紧密绑定在一起，可以更好地调动高管的积极性。本研究用高管持股数量与企业总股数的比值来衡量高管持股比例，并以此作为高管股权激励的代理指标，高管持股比例越高，表示企业给予高管的股权激励越强。本研究用 *incentive* 表示高管股权激励。

（5）社会责任。企业在经营发展时需要兼顾自身营利目标和各方利益相关者的权益，也需要主动承担应有的社会责任。本研究中所讲社会责任是指企业在实现所有者和股东利益最大化目标的同时需要承担维护社会权益的义务，不能以牺牲社会利益为条件去获得利益。具体而言，企业社会责任主要包括以下几类，分别是对消费者、对社会公益和对自然环境的责任。企业有责任在经营生产时不对消费者、社会公益和自然环境造成负面影响。企业社会责任感的强弱也会影响政府对于企业的态度，进而影响碳交易试点政策对于企业的影响。本研究根据王馨和王营（2021）的研究，以润灵社会责任评级得分来衡量企业社会责任感的强弱，润灵社会责任评级得分包含了企业的污染信息、环境管理信息和应对气候变化信息，可以有效体现出企业社会责任感的强弱。本研究用 *responsibility* 表示社会责任。

本章在实证分析中所使用的样本与第 4 章的样本相同，本章的官员晋升压力程度数据、财政分权程度数据来自各省统计年鉴，市场化水平数据来自王小鲁等（2019）的中国分省份市场化指数报告。企业产权性质、机构投资者持股比例和高管持股比例数据来自国泰安数据库。企业高管教育背景数据和润灵社会责任评级得分数据来自中国研究数据服务平台。

6.2 碳交易试点政策对不同外部环境企业出口绿色技术含量影响的实证分析

6.2.1　官员晋升压力程度

本研究基于式（6.1）实证分析碳交易试点政策对处于不同外部环境企业的出口绿色技术含量的影响，回归结果如表 6－1 第 1 列至第 3 列所示。

在表 6－1 中，第 1 列显示了碳交易试点政策对处于不同官员晋升压力程度地区的企业的异质性影响，对企业固定效应、年份固定效应、城市时间趋势项和行业时间趋势项均进行了控制，在排除了一些混杂因素的干扰后，三重差分系数 $pilot \times post \times opp$ 显著为正。这就说明相对于处在官员晋升压力程度较低地区的企业，碳交易试点政策更能有效提升处在官员晋升压力程度较高地区企业的出口绿色技术含量。这可能是因为在当前可持续发展的背景下，环保绩效已经被纳入地方官员的政绩考核里，GDP 不再是唯一的考核指标。当晋升压力较大时，地方官员为了晋升，在发展地区经济的同时也会坚决执行中央的环境保护政策，严格监管企业节能减排，同时鼓励企业积极参与碳交易市场，并将资源整合引入到绿色技术开发领域，帮助企业进行高质量的绿色创新，使企业淘汰污染落后产品，生产清洁产品，最终带来出口绿色技术含量的提升。因此，地区的官员晋升压力程度越高，碳交易试点政策越能促进该地区企业出口绿色技术含量的提升。

表 6－1　　碳交易试点政策对不同外部环境企业的异质性影响

项目	(1)	(2)	(3)
	lnegs	*lnegs*	*lnegs*
pilot × post × opp	0. 325 * (0. 17)		
pilot × post × fd		0. 406 *** (0. 076)	
pilot × post × market			0. 071 * (0. 038)
控制变量	YES	YES	YES
年份固定效应	YES	YES	YES
企业固定效应	YES	YES	YES
城市时间趋势项	YES	YES	YES
行业时间趋势项	YES	YES	YES
Observations	10 225	10 225	10 225
R－squared	0. 9	0. 808	0. 809

6. 2. 2　财政分权程度

在表 6－1 中，第 2 列显示了碳交易试点政策对处于不同财政分权程度地区的企业的异质性影响，三重差分系数 *pilot × post × fd* 显著为正。这就说明相对于处于财政分权程度相对较低地区的企业，碳交易试点政策更能有效提升处在财政分权程度较高地区企业的出口绿色技术含量。这可能是因为地区的财政分权程度越高时，当地政府财力就越为充沛，于是政府就可以从如何实现经济发展中抽出手来，有多余的精力和财力重视其他社会问题，对于环境保护问题就会重视起来，便会严格监管企业进行节能减排，使碳交易试点政策的执行效率变高，碳交易试点政策因而能更有效地激励企业进行绿色技术创新，最终增加企业的出口绿色技术含量。

6.2.3　市场化水平

在表 6－1 中，第 3 列显示了碳交易试点政策对处于不同市场化水平地区的企业的异质性影响，三重差分系数 $pilot \times post \times market$ 显著为正。说明相对于处于市场化水平较低地区的企业，碳交易试点政策更能有效提升处在市场化水平较高地区的企业的出口绿色技术含量。这可能是因为碳交易试点政策本身就具备市场化属性，当一个地区的市场化水平越高时，各类生产要素在各部门之间的流动越快，而企业在进行绿色技术创新时需要的是各类资源的投入，生产要素的流动加快将增加企业进行绿色技术创新的动力。此外，市场化水平越高，碳市场越能发挥它的碳价格发现功能，企业间进行碳配额买卖的积极性越高，企业进行研发的动力也越大。当企业主动进行绿色技术创新时，最终将带来出口绿色技术含量的提升。

本研究通过实证研究发现了碳交易试点政策对处于不同外部环境企业出口绿色技术含量的影响，即相对于处在官员晋升压力程度较低地区的企业，碳交易试点政策更能有效提升处在官员晋升压力程度较高地区的企业的出口绿色技术含量；相对于处于财政分权程度相对较低地区的企业，碳交易试点政策更能有效提升处在财政分权程度较高地区的企业的出口绿色技术含量；相对于处于市场化水平较低地区的企业，碳交易试点政策更能有效提升处在市场化水平较高地区的企业的出口绿色技术含量。

6.2.4　稳健性检验

6.2.4.1　分样本检验

现有文献在进行异质性分析时也使用分组回归来进行实证分析，为了保证上述结果的稳健性，接下来本研究进行分组回归来验证上述结果。具体来说，本研究首先得到碳交易试点政策实施前一年各地区的官员晋升压力程度、财政分权程度和市场化水平数据，随后将官员晋升压力程度高于总样本中位数的地区划分为高官员晋升压力程度地区，否则为低官员晋升压力程度地区，属于高官员晋升压力程度地区的企业被划分在高官员晋升压力组，属于低官员晋升压力程度地区的企业被划分在低官员晋升压力组，随后对这两组样本按照基准双重差分模型分别进行回归，通过比较两组样本双重差分系数的大小和显著性来进行异质性分析。同样地，如果地区的财政分权程度高于总样本的中位数，则为高财政分权程度地区，否则为低财政分权程度地区，属于高财政分权程度地区的企业被划分在高财政分权程度组，属于低财政分权程度地区的企业被划分在低财政分权程度组。同理，高市场化水平组和低市场化水平组也按上述步骤分组得到。具体回归结果如表 6－2 所示。在表 6－2 中，第 1 列和第 2 列显示的是高官员晋升压力组和低官员晋升压力组的回归结果，结果发现第 1 列的系数显著为正，而第 2 列的系数并不显著；第 3 列和第 4 列显示的是高财政分权程度组和低财政分权程度组的回归结果，结果发现第 3 列和第 4 列的系数均显著为正，但第 3 列的系数大于第 4 列的系数；第 5 列和第 6 列显示的是高市场化水平组和低市场化水平组的回归结果，结果发现第 5 列和第 6 列的系数均显著为正，但第 5 列的系数大于第 6 列的系数。表 6－2 中的分组检验结果与实证结果相同，由此验证了本章结果的稳健性。

表 6－2　碳交易试点政策对不同外部环境企业异质性影响的分组检验

项目	(1)	(2)	(3)	(4)	(5)	(6)
	高官员晋升压力	低官员晋升压力	高财政分权程度	低财政分权程度	高市场化水平	低市场化水平
	lnegs	*lnegs*	*lnegs*	*lnegs*	*lnegs*	*lnegs*
$pilot \times post$	1.145***	0.599	0.722***	0.346*	0.512***	0.437**
	(0.186)	(0.601)	(0.130)	(0.206)	(0.130)	(0.207)
控制变量	YES	YES	YES	YES	YES	YES
年份固定效应	YES	YES	YES	YES	YES	YES
企业固定效应	YES	YES	YES	YES	YES	YES
城市时间趋势项	YES	YES	YES	YES	YES	YES
行业时间趋势项	YES	YES	YES	YES	YES	YES
Observations	4 123	6 102	7 216	3 009	7 680	2 545
R－squared	0.823	0.799	0.805	0.804	0.802	0.826

6.2.4.2　替换虚拟变量测算方式

上文在设立企业外部异质性分析模型时，是在基准双重差分模型中加入了外部环境与主要解释变量碳交易试点政策的交互项，外部环境变量分别为官员晋升压力程度 *opp*、财政分权程度 *fd* 和市场化水平 *market*，它们均为 0 或 1 的虚拟变量。本研究根据碳交易试点政策实施前一年各个地区的官员晋升压力程度、财政分权程度和市场化水平来划分虚拟变量，接下来本研究根据 2003 年到 2010 年（即政策实施前一年）上述外部环境变量的平均值来对官员晋升压力程度、财政分权程度和市场化水平进行赋值。具体来说，本研究首先计算各个地区 2003 年至 2010 年官员晋升压力程度、财政分权程度和市场化水平的平均值。如果地区的官员晋升压力程度平均值高于总样本平均值的中位数，则为高官员晋升压力程度地区，否则为低官员晋升压力程度地区，若企业所属区域为高官员晋升压力程度地区，官员晋升压力程度 *opp* 取值为 1，否则取值为 0。以此类推，对财政分权程度 *fd* 和市场化水平 *market* 进行赋值。随后按照式（6.1）进行回归，具体回归结果如表 6－3 所示。在表 6－3 中，第 1 列的三重差分系数 $pilot \times post \times opp$ 显著为正，第 2 列的三重差分系数 $pilot \times post \times fd$ 显著为正，第 3 列的三重差分系数 $pilot \times post \times market$ 也显著为正。表 6－3 中的检验结果进一步验证了本研究结果的稳健性。

表 6－3　碳交易试点政策对不同外部环境企业异质性影响的稳健性检验

项目	(1)	(2)	(3)
	lnegs	*lnegs*	*lnegs*
$pilot \times post \times opp$	0.246* (0.1336)		
$pilot \times post \times fd$		0.312** (0.13)	
$pilot \times post \times market$			0.089* (0.05)
控制变量	YES	YES	YES
年份固定效应	YES	YES	YES

续表

项目	(1)	(2)	(3)
	lnegs	*lnegs*	*lnegs*
企业固定效应	YES	YES	YES
城市时间趋势项	YES	YES	YES
行业时间趋势项	YES	YES	YES
Observations	10 225	10 225	10 225
R - squared	0. 809	0. 808	0. 808

6.3 碳交易试点政策对不同内部环境企业出口绿色技术含量影响的实证分析

6.3.1 企业所有制

本研究基于式（6.2）实证分析碳交易试点政策对处于不同内部环境企业的出口绿色技术含量的影响，回归结果如表 6 - 4 第 1 列至第 5 列所示。

在表 6 - 4 中，第 1 列显示了碳交易试点政策对不同产权性质企业的异质性影响，在排除了一些混杂因素的干扰后，三重差分系数 $pilot \times post \times state$ 显著为正。这就说明相对于非国有企业，碳交易试点政策对国有企业的影响更大，可以有效促进国有企业出口绿色技术含量的提升。可能的原因是，相比于非国有企业，国有企业在获取市场资本资源和政府政策扶持方面有着天然的优势，同时，国有企业在生产经营时也更为注重对社会环境的影响。在碳交易试点政策实施后，国有企业在获得相关资源方面更有优势，同时也会主动进行节能减排，积极进行高质量的绿色创新，继而显著影响其自身的出口绿色技术含量。

表 6－4　　碳交易试点政策对不同内部环境企业的异质性影响

项目	(1)	(2)	(3)	(4)	(5)
	lnegs	*lnegs*	*lnegs*	*lnegs*	*lnegs*
pilot × *post* × *state*	0.267 * (0.1476)				
pilot × *post* × *institution*		0.061 * (0.034)			
pilot × *post* × *education*			0.186 * (0.0965)		
pilot × *post* × *incentive*				0.393 *** (0.127)	
pilot × *post* × *responsibility*					0.221 ** (0.1054)
控制变量	YES	YES	YES	YES	YES
年份固定效应	YES	YES	YES	YES	YES
企业固定效应	YES	YES	YES	YES	YES
城市时间趋势项	YES	YES	YES	YES	YES
行业时间趋势项	YES	YES	YES	YES	YES
Observations	10 225	10 225	10 225	10 225	10 225
R－squared	0.809	0.808	0.8	0.802	0.804

6.3.2　机构投资者持股比例

在表 6－4 中，第 2 列显示了碳交易试点政策对不同机构投资者持股比例企业的异质性影响，三重差分系数 *pilot* × *post* × *institution* 显著为正。这就说明相较于机构投资者持股比例较低的企业，碳交易试点政策对机构投资者持股比例较高的企业影响更大，可以显著提升它们的出口绿色技术含量。这可能是因为机构投资者持股比例越高，机构投资者对于企业的监督力度越强，可以有效防止企业出现短视行为。同时，对企业管理层的生产经营行为也会产生较大约束，会影响企业在社会责任和环境保护方面的投入，进而促使企业采取积极的措施面对碳交易试点政策，最终会通过提升绿色技术创新水平来提升出口绿色技术含量。

6.3.3 高管教育背景

在表6-4中，第3列显示了碳交易试点政策对不同高管教育背景企业的异质性影响，三重差分系数 $pilot \times post \times education$ 显著为正。这就说明相较于高管团队受教育程度较低的企业，碳交易试点政策对高管团队受教育程度较高企业的影响更大，可以有效提升它们的出口绿色技术含量。这可能是因为相较于受教育程度较低的高管团队，受教育程度高的高管团队希望在社会上为自己塑造一个良好的形象，因而在对企业履行社会责任和节能环保方面有着更高的要求。为了履行社会责任，他们会将目光放得长远，较少地出现短视行为，更可能做出积极主动参与碳交易的决策，从而积极进行节能减排，加大绿色创新的研发力度，生产更为清洁的产品，最终会提高出口绿色技术含量水平。

6.3.4 高管股权激励

在表6-4中，第4列显示了碳交易试点政策对不同高管股权激励程度企业的异质性影响，三重差分系数 $pilot \times post \times incentive$ 显著为正。这就说明相对于对高管股权激励程度较低的企业，碳交易试点政策对高管股权激励程度较高的企业影响更大，可以显著提升它们的出口绿色技术含量。这可能是因为高管的股权激励程度越大，高管的持股比例越高，高管的利益就更大程度地与股东绑定在一起，在面对碳交易试点政策时，尽管进行绿色技术革新面临着较大的不确定性，但高管更有可能会追求长期的公司利益，不会为了短期的经营绩效而做出消极面对碳交易试点政策的决策，更倾向于整合优化企业资源，积极提升绿色技术创新水平，提高出口绿色技术含量。

6.3.5 社会责任感

在表6-4中，第5列显示了碳交易试点政策对不同社会责任企业的异质性影响，三重差分系数 $pilot \times post \times responsibility$ 显著为正。这就说明相对于社会责任感低的企业，碳交易试点政策对社会责任感高的企业的影响更大，能有效提升它们的出口绿色技术含量水平。这可能是因为积极履行社会责任的企业，投资者对企业的了解相对更为深入，因而会愿意对企业的绿色低碳环保项目进行投资，从而有利于企业获得外界的资金支持，减少碳交易试点政策对企业绩效的消极影响，进而放大碳交易试点政策对企业出口绿色技术含量的提升效果。

综上所述，本研究通过实证研究发现了碳交易试点政策对处于不同内部环境企业出口绿色技术含量的影响，即相较于非国有企业，碳交易试点政策更能有效提升国有企业的出口绿色技术含量；相较于机构投资者持股比例低的企业，碳交易试点政策更能有效提升机构投资者持股比例较高企业的出口绿色技术含量；相较于高管团队受教育程度较低的企业，碳交易试点政策更能有效提升高管团队受教育程度较高企业的出口绿色技术含量；相较于高管股权激励程度较低的企业，碳交易试点政策更能有效提升高管股权激励程度较高企业的出口绿色技术含量；相较于社会责任感较低的企业，碳交易试点政策更能有效提升社会责任感较高企业的出口绿色技术含量。

6.3.6　稳健性检验

6.3.6.1　分样本检验

接下来，本研究通过分组回归来对上文结果进行稳健性检验，具体来说，本研究按照产权性质将企业划分为国有企业组和非国有企业组；按照机构投资者持股比例是否高于总样本企业机构投资者持股比例的中位数将企业划分为高机构投资者持股比例组和低机构投资者持股比例组；按照高管受教育水平是否高于总样本企业高管受教育水平的中位数将企业划分为高企业高管受教育水平组和低企业高管受教育水平组；按照高管股权激励水平是否高于总样本企业高管股权激励水平的中位数将企业划分为高股权激励组和低股权激励组；按照社会责任感是否高于总样本企业社会责任感的中位数将企业划分为高社会责任感组和低社会责任感组。随后，对五类不同的样本按照基准双重差分模型分别进行回归，通过比较五类总十组样本双重差分系数的大小和显著性来进行异质性分析。具体回归结果如表6－5和表6－6所示。在表6－5中，第1列和第2列显示的是国有企业组和非国有企业组的回归结果，结果发现第1列系数显著为正，而第2列系数不显著为正，且第2列系数小于第1列系数；第3列和第4列显示的是高机构投资者持股比例组和低机构投资者持股比例组的回归结果，结果发现两列系数均显著为正，但第3列系数要大于第4列系数；第5列和第6列显示的是高企业高管受教育水平组和低企业高管受教育水平组的回归结果，结果发现第5列系数显著为正，而第6列系数不显著。在表6－6中，第1列和第2列显示的是高股权激励组和低股权激励组的回归结果，结果发现第1列系数显著大于第2列系数；第3列和第4列显示的是高社会责任感组和低社会责任感组的回归结果，结果发现第3列系数显著为正，但第4列系数不显著。分组检验结果与实证结果相同，验证了本章结果的稳健性。

表6－5　碳交易试点政策对不同内部环境企业异质性影响的分组检验（1）

项目	(1)	(2)	(3)	(4)	(5)	(6)
	国有企业	非国有企业	高机构投资者持股比例	低机构投资者持股比例	高企业高管受教育水平	低企业高管受教育水平
	lnegs	*lnegs*	*lnegs*	*lnegs*	*lnegs*	*lnegs*
pilot × *post*	0.451*** (0.163)	0.245 (0.155)	0.633*** (0.212)	0.516** (0.223)	0.522** (0.236)	0.386 (0.357)
控制变量	YES	YES	YES	YES	YES	YES
年份固定效应	YES	YES	YES	YES	YES	YES
企业固定效应	YES	YES	YES	YES	YES	YES
城市时间趋势项	YES	YES	YES	YES	YES	YES
行业时间趋势项	YES	YES	YES	YES	YES	YES
Observations	4 335	5 890	5 110	5 115	5 112	5 113
R－squared	0.746	0.848	0.826	0.788	0.881	0.823

表 6－6　碳交易试点政策对不同内部环境企业异质性影响的分组检验（2）

项目	(1)	(2)	(3)	(4)
	高股权激励	低股权激励	高社会责任感	低社会责任感
	lnegs	*lnegs*	*lnegs*	*lnegs*
pilot × *post*	0.639 *** (0.204)	0.298 * (0.174)	0.511 *** (0.146)	0.198 (0.169)
控制变量	YES	YES	YES	YES
年份固定效应	YES	YES	YES	YES
企业固定效应	YES	YES	YES	YES
城市时间趋势项	YES	YES	YES	YES
行业时间趋势项	YES	YES	YES	YES
Observations	5 113	5 112	5 106	5 119
R－squared	0.818	0.822	0.796	0.853

6.3.6.2　替换虚拟变量测算方式

前文在设立企业内部异质性分析模型时，是在基准双重差分模型中加入了内部环境与主要解释变量碳交易试点政策的交互项，内部环境变量分别为产权性质 *stste*、机构投资者持股比例 *institution*、高管教育背景 *education*、高管股权激励 *incentive* 和社会责任 *responsibility*，它们均为 0 或 1 的虚拟变量。本研究根据碳交易试点政策实施前一年企业的机构投资者持股比例、高管教育背景、高管股权激励和社会责任来划分虚拟变量，接下来本研究根据 2003 年到 2010 年的平均值来对机构投资者持股比例、高管教育背景、高管股权激励和社会责任进行赋值。具体来说，本研究首先计算各个企业 2003 年至 2010 年机构投资者持股比例、高管受教育水平、高管持股比例和社会责任指数的平均值。如果企业的机构投资者持股比例平均值高于总样本平均值的中位数，则机构投资者持股比例 *institution* 取值为 1，否则取值为 0。以此类推，对高管教育背景 *education*、高管股权激励 *incentive* 和社会责任 *responsibility* 进行赋值。随后按照式（6.2）进行回归，具体回归结果如表 6－7 所示。在表 6－7 中，第 1 列的三重差分系数 *pilot* × *post* × *institution* 显著为正，第 2 列的三重差分系数 *pilot* × *post* × *education* 显著为正，第 3 列和第 4 列的三重差分系数也显著为正。表 6－7 中的检验结果进一步验证了本研究结果的稳健性。

表 6－7　碳交易试点政策对不同内部环境企业异质性影响的稳健性检验

项目	(1)	(2)	(3)	(4)
	lnegs	*lnegs*	*lnegs*	*lnegs*
pilot × *post* × *institution*	0. 054 * (0. 0308)			
pilot × *post* × *education*		0. 201 * (0. 1057)		
pilot × *post* × *incentive*			0. 324 *** (0. 095)	
pilot × *post* × *responsibility*				0. 166 * (0. 092)
控制变量	YES	YES	YES	YES
年份固定效应	YES	YES	YES	YES
企业固定效应	YES	YES	YES	YES
城市时间趋势项	YES	YES	YES	YES
行业时间趋势项	YES	YES	YES	YES
Observations	10 225	10 225	10 225	10 225
R－squared	0. 806	0. 802	0. 808	0. 806

6. 4

本章小结

本章在第 4 章模型和数据的基础上，通过在双重差分模型中加入虚拟变量项与双重差分项的交乘项而自主构建了三重差分模型，分别从企业所处的外部环境和内部环境出发研究碳交易试点政策对企业出口绿色技术含量的不同影响。

首先，本章通过企业外部异质性分析模型实证检验官员晋升压力程度、财政分权程度和市场化水平给碳交易试点政策带来的异质性影响。结果发现，对于处于不同外部环境的企业来说，碳交易试点政策更能有效提升处在官员晋升压力程度较高地区、处在财政分权程度较高地区和处在市场化水平较高地区的企业的出口绿色技术含量。

其次，本章通过企业内部异质性分析模型实证检验产权性质、机构投资者持股比例、高管教育背景、高管股权激励和社会责任给碳交易试点政策带来的异质性影响。结果发现，对于处于不同内部环境的企业来说，碳交易试点政策更能有效提升国有企业的出口绿色技术含量；此外，碳交易试点政策更能有效提升机构投资者持股比例较高、高管团队受教育水平较高、高管股权激励程度较高和社会责任感较强的企业的出口绿色技术含量。

最后，为了保证结果的稳健性，本研究通过分样本回归和改变虚拟变量的赋值方法来对上述结果进行了检验，检验结果进一步保证了本章结果的可靠性。

本章从企业异质性层面出发分析碳市场对企业出口绿色技术含量的不同影响，既可以为政府完善碳交易试点政策提供实证依据，也可以为企业从自身内部环境出发应对碳交易试点政策提供借鉴。由于碳交易试点政策实施的同时，中国还实施了命令控制型环境规制，那么此类环境规制会削弱碳交易试点政策带来的市场激励效果，还是会与碳交易试点政策相辅相成、发挥协同效应？本书第 7 章将就该问题进行实证检验。

第7章

碳交易试点与环境目标、宽带中国政策对出口绿色技术含量影响的协同效应分析

为了探究碳交易试点政策是否与环境目标政策发挥政策协同效应，本章首先基于第4章的样本数据，利用连续型双重差分模型实证研究环境目标政策对企业出口绿色技术含量的影响。然后，再基于交互项回归模型构建协同效应模型实证研究碳交易试点政策与环境目标政策是否对企业的出口绿色技术含量产生协同效应。本章结果将为优化现有减排政策、避免政策间的冲突和失灵，以及更好地发挥政策合力提供参考依据。

7.1 碳交易试点与环境目标、宽带中国政策发挥协同效应的理论机理

7.1.1 政策协同内涵

"协同"一词可以理解为两个不同的事物之间互相配合，共同发挥作用，达到超过单一个体作用的效果。系统科学认为，协同是指系统内的各个子系统相互协作，使整个系统形成单个个体都不存在的特征，整体效应大于局部效应。管理学认为，协同是指企业内的各个部门之间相互协调作用，使企业整体的价值大于各个部门简单相加的价值。公共行政学认为，

协同是政府与其他不同主体间分工协作模式的社会协同。而政策间的协同效应则是指，政府部门在互相对话的基础上制定各项政策，以此希望各项政策之间不会发生冲突，相互配合下产生的效果最大（Lyndsay，2004）。Meijers 和 Stead（2004）将政策协同视为一种能力，可以使政策执行的整体效果优于其各个政策的总和，或至少能防止单项政策失效。政策协同效应强调的是不同政策可以在不同的领域进行跨界合作，进而更好地实现既定的政策目标。一个国家或者地区可能会使用多种环境规制工具应对环境问题，而各类环境规制工具之间可能会产生互动。现有研究已经发现，不同环境政策的协同组合使用可以有效避免环境政策的互相干扰和其所带来的外部性问题，减少环境政策的运行成本，提高政策的执行效率。此外，合理的政策协同组合可以发挥政策协同效应，与单个政策相比，能以更低成本、更高效率的方式实现政策目标（李冬琴，2018；魏玮和曹景林，2019）。

7.1.2　碳交易试点与环境目标政策协同效应的影响机理

环境目标政策是一项典型的命令控制型政策，它始于2006年，中国政府启动了第11个“五年计划”，该计划出台了《中华人民共和国国民经济和社会发展第十一个五年规划纲要》。“十一五”规划为每个省份都提供了具体的二氧化硫和化学需氧量等污染物的减排目标，各个省份再将控排目标分解到各地级市，各地级市则进一步将其分解到辖区内的污染企业。之后的“十二五”和“十三五”规划期间，各个省份的控排目标也都得到了进一步的强化。命令型控制政策可以对改善环境产生积极影响，但它也会影响企业在生产过程中的资源再分配、资本投资和技术创新，从而影响企业的出口（Shi et al.，2018）。

碳交易试点政策和环境目标政策相辅相成，环境目标政策为碳交易试点政策提供了良好的政策实施环境，提升了企业的规制遵循意识；而碳交易试点政策可以弥补企业遵守环境目标政策的生产成本，减缓了企业进行绿色创新的压力。因此，两类政策产生了协同效应，使企业实现了资源的优化配置，促进了其绿色技术创新水平的发挥，最终使企业出口绿色技术含量得到了提升。

7.1.2.1 环境目标为碳交易试点提供良好的政策实施环境

环境目标与碳交易试点政策除了通过自身的独立作用渠道对企业出口绿色技术含量产生影响之外，还有通过政策协同效应对企业的出口绿色技术含量产生积极效果。具体而言，两类政策之间的协同效应之所以会发生，可能是因为环境目标政策的实施改善了碳交易试点政策的实施环境。由于碳交易试点政策与环境目标政策的适用对象并不是完全独立的，而是存在一定的交叠，即受碳交易试点政策规制的企业本身就是高排放企业，它同时也会受到环境目标政策的影响和约束。在碳交易试点政策实施之前，地方政府为了谋求经济发展方式转型已经开展了环境目标政策，以行政手段强制企业遵守环境规制，进行节能减排和绿色技术创新。在环境目标政策的实施过程中，规制企业已经逐渐培养形成了规制遵循意识，节能减排和绿色技术创新意识逐渐增强，从而改善了碳交易试点政策的实施环境。当碳交易试点政策实施后，受到环境目标政策规制的企业对碳交易试点政策的遵循程度更强，会更为主动地进行绿色技术创新，生产更为清洁的产品，从而提升了企业的绿色技术创新水平，绿色技术创新水平的提升也带动着出口绿色技术含量的提升。

7.1.2.2 碳交易试点弥补了遵守环境目标政策的生产成本

另外，环境目标政策的实施可能会增加企业的生产成本，生产成本的增加导致利润减少，很有可能会对企业在绿色技术创新方面的研发投入产生挤出效应，即企业在环境目标政策的压力下会减少研发投入资金。而碳交易试点政策的实施起到了雪中送炭的作用，因为企业可以通过在碳市场进行碳配额交易获得收益去弥补遵守环境目标政策带来的生产成本，部分弥补企业在绿色技术创新领域研发投入的不足。同时，碳交易试点政策也是对企业积极进行绿色技术创新释放的一种激励信号，使企业更加坚定地提升绿色技术创新水平，从而对出口绿色技术含量产生影响。通过具有强约束作用的环境目标政策与具有强激励作用的碳交易试点政策，引导企业将生产资源和研发资金投入到绿色创新领域，促进企业出口绿色技术含量水平的提高。因此，环境目标政策和碳交易试点政策可以发挥出协同效应，对企业出口绿色技术含量产生更大的提升效果。

7.1.3 碳交易试点与宽带中国政策协同效应的影响机理

碳交易试点政策因其弱约束性、行业针对性和政策组合性等特点，相较于其他强约束性政策规制工具，可能会存在环境效应不足的情况，而宽带中国试点城市能为碳交易建设提供技术支撑，为商品生产和流通提供数字平台。数字平台的搭建既能使各区域之间实现信息共享，对碳交易流程进行监管和政策效果进评估，又能使居民的消费生活方式实现低碳化，减少“碳足迹”。数字经济绿色发展可以促进“双碳”目标的实现，而“双碳”目标的实现也会促进数字经济发展。数字技术改变了居民的日常生活方式，网上预约挂号、网上购物、线上办公、智慧出行等技术的兴起不仅方便了人们的日常生活，还减少了能源消耗，减少个人“碳足迹”，政府也可以利用大数据平台，对污染排放和治理情况进行实时监测，对污染数据进行采集、整合与拓展，为政府制定相关政策提供数据支撑，方便政府针对政策试点过程中出现的问题进行及时调整。碳交易市场需要试点城市建立低碳产业体系，探寻适合本地发展的低碳发展模式；碳交易政策的稳步推进需要大量的信息技术支持，例如智能能源管理系统、企业碳排放检测系统等，而宽带网络的建设和普及为这些技术的应用提供了基础和保障。宽带中国试点政策和碳交易试点政策均能影响企业二氧化碳的排放和治理，从而影响企业的出口绿色技术含量水平。宽带中国试点政策为经济增长注入新动力，缓解传统工业经济高消耗、高排放的现状，助力“双碳”目标的实现，这与碳交易试点政策的目标契合，宽带中国试点政策与碳交易试点政策在提高企业出口绿色技术含量上可能存在协同作用。对于被选为碳交易试点城市的地区来说，更需要数字技术和知识改变传统的经济增长模式，解决治理过程中出现的问题；对于被选为宽带中国试点城市的地区而言，进一步试点碳交易政策，现有的数字基础设施将会助力企业低碳治理工作的稳步推进，从政策导向上加快企业出口绿色转型，提升企业出口绿色技术含量。因此，碳交易试点政策和宽带中国政策可以发挥出协同效应，对企业出口绿色技术含量产生更大的提升效果。

7.2 协同效应模型设定和变量选取

前文研究已经发现碳交易试点政策可以有效促进企业的出口绿色技术含量，在研究碳交易试点政策与环境目标政策对企业出口绿色技术含量的协同影响之前，需要先利用连续型双重差分模型研究环境目标政策对企业出口绿色技术含量的影响，在确定环境目标政策对企业出口绿色技术含量的影响方向之后，再利用协同效应分析模型来研究两类政策对企业出口绿色技术含量的协同影响。此外，在确定碳交易试点政策与宽带中国政策的协同影响时，也需要利用协同效应分析模型来研究碳交易试点政策和宽带中国政策对企业出口绿色技术含量的协同影响。

7.2.1 环境目标政策对企业出口绿色技术含量的影响模型

由于本书的研究期间正处“十一五”至“十三五”规划期间，各个地区的二氧化硫减排目标在这期间发生了变化，为了研究环境目标政策对企业出口绿色技术含量的影响，本研究将采用连续型双重差分模型来进行实证研究。由于常用的双重差分模型中，核心解释变量由两组虚拟变量相乘得到。交互项的值为 0 或 1，它并不能反映出不同处理组在处理程度上的差异，鉴于此，连续型双重差分模型可用于解决上述问题。连续型双重差分模型的首次应用出现在 Nancy（2008）的实证研究中，随后逐渐被广泛应用（程令国和张晔，2011；范子英等，2018）。考虑到各地区的减排目标不同，故本研究根据 Tang 等（2020）的研究，基于连续型双重差分法构建环境目标政策影响企业出口绿色技术含量的模型，具体如式（7.1）所示：

$$lnegs_{it} = \alpha_0 + \alpha_1 lntargetp_i \times sulpost_t + \alpha_2 X_{it} + \mu_i + \gamma_t + city * year$$

$$+ sector * year + \varepsilon_{it} \tag{7.1}$$

在式（7.1）中，下标 i 表示企业，t 表示时间。被解释变量 $lnegs$ 为各企业的出口绿色技术含量，$lntargetp_i$ 是 i 企业所在省份二氧化硫减排目标的自然对数，$sulpost$ 表示的是环境目标政策实施时间的虚拟变量，$sulpost$ 取值为 1 时表示政策实施后（$t \geqslant 2006$），$sulpost$ 取值为 0 时表示政策实施前（$t < 2006$）。$lntargetp \times sulpost$ 是本研究关注的核心变量，如果它的系数显著为正，则表明环境目标政策显著提升了企业的出口绿色技术含量。其余变量的设定与第 4 章中基准双重差分模型的设定一致。

7.2.2　碳交易试点与环境目标政策对企业出口绿色技术含量的协同影响模型

为了检验碳交易试点政策与环境目标政策对企业出口绿色技术含量的协同效应，本研究借鉴 Shao 等（2019）、李锴和齐绍洲（2020）的计量模型，在基准双重差分模型的基础上构建协同效应影响模型，具体如式（7.2）所示：

$$\begin{aligned} lnegs_{it} = {} & \beta_0 + \beta_1 pilot_i \times post_t \times lntargetp_i \times sulpost_t + \beta_2 pilot_i \times post_t \\ & + \beta_3 lntargetp_i \times sulpost_t + \beta_4 X_{it} + \mu_i + \gamma_t + city * year \\ & + sector * year + \varepsilon_{it} \end{aligned} \tag{7.2}$$

式（7.2）在式（7.1）的基础上加入了碳交易试点政策 $pilot \times post$，以及它与环境目标政策的交互项，即 $pilot \times post \times lntargetp \times sulpost$。$pilot \times post \times lntargetp \times sulpost$ 是本研究关心的核心变量，它反映了碳交易试点政策与环境目标政策对企业出口绿色技术含量的协同作用，如果它的系数显著为正，则表明碳交易试点政策与环境目标政策不会发生相互干扰，可以协同促进企业出口绿色技术含量的提升。式（7.2）中的其余变量设定与第 4 章中基准双重差分模型的设定一致。

7.2.3　宽带中国政策对企业出口绿色技术含量的影响模型

宽带中国试点政策的实施范围相对随机，既包括经济技术发展水平相对较高的城市，如北京、上海等一线城市，也包括经济技术发展水平相对落后的城市，如中西部地区的城市。因此，宽带中国城市试点可被视为一项准自然实验，并基于双重差分模型考察其政策效果。为了加强信息网络基础设施的优化和升级工作，国务院在 2013 年郑重公示了《“宽带中国”战略及实施方案》，旨在推进宽带网络的建设和部署，持续落实我国信息化建设的推进政策，坚定不移地推进“数字中国”建设，实现高质量发展。随后，我国工信部分别于 2014 年、2015 年和 2016 年，分三阶段推进“宽带中国”试点政策，并从中选取了 119 个城市（群）作为试点地区，考虑到我国试点政策分为三批，分别于 2014 年、2015 年和 2016 年建立试点城市，而传统的双重差分模型仅适用于单一年份或时点政策效果的评估，因此，本章将基于面板双向固定效应的渐进双重差分模型进行实证检验。

$$lnegs_{it} = \alpha_0 + \alpha_1 BCP_{it} + \alpha_2 X_{it} + \mu_i + \gamma_t + city * year + sector * year + \varepsilon_{it} \tag{7.3}$$

在式（7.3）中，BCP 为宽带中国政策冲击项，这是组别虚拟变量与政策时间虚拟变量相互交乘的项，如果城市 i 在 t 年被选为宽带中国试点城市，则在 t 年及以后年份城市 i 的 BCP 变量取值为 1，之前年份的取值为 0。若城市 i 在样本期内没有被纳入宽带中国试点城市，则 BCP 变量的取值始终为 0。

7.2.4 碳交易试点与宽带中国政策对企业出口绿色技术含量的协同影响模型

为了检验碳交易试点政策与宽带中国政策对企业出口绿色技术含量的协同效应，本研究借鉴 Shao 等（2019）、李锴和齐绍洲（2020）的计量模型，在基准双重差分模型的基础上构建协同效应影响模型，具体如式（7.4）所示：

$$\begin{aligned} lnegs_{it} = {} & \beta_0 + \beta_1 pilot_i \times post_t \times BCP_{it} + \beta_2 pilot_i \times post_t + \beta_3 BCP_{it} \\ & + \beta_4 X_{it} + \mu_i + \gamma_t + city * year + sector * year + \varepsilon_{it} \end{aligned} \tag{7.4}$$

式（7.4）在式（7.3）的基础上加入了碳交易试点政策 $pilot \times post$，

以及它与宽带中国政策的交互项 $pilot \times post \times BCP$。$pilot \times post \times BCP$ 是本研究关心的核心变量，它反映了碳交易试点政策与宽带中国政策对企业出口绿色技术含量的协同作用，如果它的系数显著为正，则表明碳交易试点政策与宽带中国政策不会发生相互干扰，可以协同促进企业出口绿色技术含量的提升。其余变量的设定与第 4 章中基准双重差分模型的设定一致。

7.2.5　变量定义

环境目标政策：本研究基于连续型双重差分法实证研究环境目标与碳交易试点政策对企业出口绿色技术含量的协同效应。根据 Tang 等（2020）的研究，变量环境目标政策的数值用其政策实施时间虚拟变量和政策实施地区的二氧化硫控排目标交乘得到。其中，*lntargetp* 反映的是政策实施地区二氧化硫控排目标的自然对数，本研究的样本时间跨度为 2003 年到 2016 年，涉及“十一五”至“十三五”规划期间，在每个规划期间，中国政府为每个省份规定了具体的二氧化硫控排目标。*sulpost* 表示的是环境目标政策实施时间的虚拟变量，“十一五”规划开始于 2006 年，因此本研究选择 2006 年为环境目标政策的实施节点，*sulpost* 取值为 1 时表示政策实施后（$t \geqslant 2006$），*sulpost* 取值为 0 时则表示政策实施前（$t < 2006$）。因此，*lntargetp* 与 *sulpost* 的交乘项 $lntargetp \times sulpost$ 就代表环境目标政策。

由于本章的变量是在第 4 章的基础上进行设定的，相比第 4 章的变量多了对环境目标政策这一变量的设定，其余变量与第 4 章的变量一致，故此处不再进行赘述。“十一五”至“十三五”规划期间，中国各省的二氧化硫控排目标值来源于中国政府网，本研究进行手工收集整理得到。

宽带中国政策：本研究基于渐进双重差分法来实证研究宽带中国与碳交易试点政策对企业出口绿色技术含量的协同效应。*BCP* 为宽带中国政策的冲击项，这是组别虚拟变量与政策时间虚拟变量相互交乘的项，如果企业 i 所处的城市在 t 年被选为宽带中国试点城市，则在 t 年及以后年份企业 i 的 *BCP* 变量取值为 1，之前年份的取值为 0。若企业 i 所处城市在样本期内没有被纳入宽带中国试点城市，则 *BCP* 变量的取值始终为 0。

7.3 实证分析结果

7.3.1 环境目标政策对企业出口绿色技术含量的影响分析

本研究根据式（7.1）实证检验环境目标政策与中国上市企业出口绿色技术含量之间的因果关系，估计结果如表7-1所示。在表7-1中，被解释变量为出口绿色技术含量 *lnegs*，解释变量为环境目标政策 *lntargetp* × *sulpost*，第1列中没有加入控制变量、城市时间趋势项和行业时间趋势项，第2列至第4列中逐步加入了控制变量、城市时间趋势项和行业时间趋势项，结果发现环境目标政策 *lntargetp* × *sulpost* 的系数均在5%的水平内显著为正。其中，第4列的双重差分系数为0.259，这也就表明环境目标政策实施后，中国上市企业的出口绿色技术含量得到了显著的提升。对此，可能的解释是环境目标政策以其强制效力迫使企业进行绿色创新活动（Ford et al.，2014），在事前、事中和事后控制方面对企业进行约束，从而带来出口绿色技术含量的提升，即环境目标政策可以通过强制性地限定生产技术标准和污染物排放量，迫使污染型企业在开发新技术和新工艺时考虑环境因素（Testa et al.，2011）。企业为满足环境目标政策的排放要求，避免受到政府处罚，必须要进行高质量的绿色创新。政府环境规制越严厉，企业越倾向于采取高质量的绿色创新活动（Berrone et al.，2013）。最终，环境目标政策可以有效提高企业的出口绿色技术含量。

表7-1　环境目标政策对企业出口绿色技术含量的影响结果

项目	(1)	(2)	(3)	(4)
	lnegs	*lnegs*	*lnegs*	*lnegs*
lntargetp × *sulpost*	0.325*** (0.105)	0.321*** (0.106)	0.266** (0.106)	0.259** (0.106)
控制变量	NO	YES	NO	YES

续表

项目	(1)	(2)	(3)	(4)
	lnegs	*lnegs*	*lnegs*	*lnegs*
年份固定效应	YES	YES	YES	YES
企业固定效应	YES	YES	YES	YES
城市时间趋势项	NO	NO	NO	YES
行业时间趋势项	NO	NO	YES	YES
Observations	10 225	10 225	10 225	10 225
R - squared	0. 797	0. 807	0. 808	0. 808

7.3.2　宽带中国政策对企业出口绿色技术含量的影响分析

本研究根据式（7.3）实证检验宽带中国政策与中国上市企业出口绿色技术含量之间的因果关系，估计结果如表 7 - 2 所示。在表 7 - 2 中，被解释变量为出口绿色技术含量 *lnegs*，解释变量为宽带中国政策 *BCP*，第 1 列中没有加入控制变量、城市时间趋势项和行业时间趋势项，第 2 列至第 4 列中逐步加入了控制变量、城市时间趋势项和行业时间趋势项，结果发现宽带中国政策 *BCP* 的系数均在 5% 的水平内显著为正。其中，第 4 列的双重差分系数为 0. 159，这也就表明宽带中国政策实施后，中国上市企业的出口绿色技术含量得到了显著的提升。对此，可能的解释是宽带中国政策能够通过人工智能等技术对生产数据进行高效收集与分析，企业可以迅速收集到数量更多、质量更好的信息，弱化了市场中的信息不对称问题，将传统管理模式转变为“用数据说话、数据管理”的方式（聂长飞等，2021）。这种智能化管理方式可以通过降低生产成本，提高生产流程中的资源利用效率，减少生产过程中不必要的能源消耗，从而为企业节约物力、人力等资源。在这个过程中，减少的资源投入可以有效降低污染的产生，促进了企业生产过程中的绿色转型。此外，宽带中国政策促使地区的信息基础设施得到改善，继而使企业之间的交流更加便利，促进了各种生产要素的区域间流动，有助于整合产业链资源，重构了企业生产模式，鼓励各企业充分发挥自身优势，持续推动生产效率改善，最终促进企业出口绿色技术含量的提高。

表 7－2　　宽带中国政策对企业出口绿色技术含量的影响结果

项目	(1)	(2)	(3)	(4)
	lnegs	*lnegs*	*lnegs*	*lnegs*
BCP	0.125*** (0.041)	0.121*** (0.039)	0.166** (0.051)	0.159** (0.051)
控制变量	NO	YES	NO	YES
年份固定效应	YES	YES	YES	YES
企业固定效应	YES	YES	YES	YES
城市时间趋势项	NO	NO	NO	YES
行业时间趋势项	NO	NO	YES	YES
Observations	10 225	10 225	10 225	10 225
R－squared	0.654	0.701	0.702	0.702

7.3.3　碳交易试点与环境目标政策对企业出口绿色技术含量的协同影响分析

前文已经实证发现碳交易试点政策与环境目标政策均可以提升企业的出口绿色技术含量，接下来，本研究基于式（7.2）实证检验两项政策对企业出口绿色技术含量的协同作用，具体的回归结果如表 7－3 所示。在表7－3 中，被解释变量为出口绿色技术含量 *lnegs*，主要解释变量为 $pilot \times post \times lntargetp \times sulpost$，它的系数就是碳交易试点与环境目标政策对出口绿色技术含量的协同影响。结果发现，表 7－3 中第 1 列至第 4 列的相关系数值均显著为正，这就表明碳交易试点和环境目标政策可以相辅相成，发挥出协同效应，对企业出口绿色技术含量产生更大的提升效果。这可能是由于环境目标政策的实施为碳交易试点政策的实施创造了较好的环境，提升了受规制企业的环境规制遵循程度与意识，企业的节能减排意识更强，放大了碳交易试点政策的效果。另外，碳交易试点政策可以通过市场激励部分地弥补企业遵循环境目标政策所带来的额外生产成本，减轻企业在绿色项目研发上的资金压力，从而使企业维持或增加在绿色项目上的研发投入，保证了研发资金的持续性，降低了研发项目失败的风险。碳交易试点与环境目标政策的协同还可以发挥出相互牵制的作用，坚定企业进行绿色创新活动的信心，引导企业合理配置自身资源，增加在绿色技术创新领域的资金投入，从而对出口绿色技术含量的提升产生协同作用。

表 7－3　碳交易试点与环境目标政策对出口绿色技术含量的协同影响结果

项目	(1)	(2)	(3)	(4)
	lnegs	*lnegs*	*lnegs*	*lnegs*
pilot × *post* × *lntargetp* × *sulpost*	0.247** (0.117)	0.350*** (0.114)	0.306*** (0.116)	0.315*** (0.116)
pilot × *post*	1.36*** (0.465)	1.696*** (0.455)	1.515*** (0.462)	1.54*** (0.462)
lntargetp × *sulpost*	0.130 (0.105)	0.112 (0.107)	0.0095 (0.107)	0.0888 (0.108)
控制变量	NO	YES	YES	YES
年份固定效应	YES	YES	YES	YES
企业固定效应	YES	YES	YES	YES
城市时间趋势项	NO	NO	NO	YES
行业时间趋势项	NO	NO	YES	YES
Observations	10 225	10 225	10 225	10 225
R－squared	0.798	0.808	0.808	0.808

7.3.4　碳交易试点与宽带中国政策对企业出口绿色技术含量的协同影响分析

前文已经实证发现碳交易试点政策与宽带中国政策均可以提升企业的出口绿色技术含量，接下来，本研究基于式（7.4）实证检验两项政策对企业出口绿色技术含量的协同作用，具体的回归结果如表 7－4 所示。在表 7－4 中，被解释变量为出口绿色技术含量 *lnegs*，主要解释变量为 *pilot* × *post* × *BCP*，它的系数就是碳交易试点与宽带中国政策对出口绿色技术含量的协同影响。结果发现，表7－4中第1列至第4列的相关系数值均显著为正，这就表明碳交易试点和宽带中国政策可以相辅相成，发挥出协同效应，对企业出口绿色技术含量产生更大的提升效果。这可能是由于碳交易试点与宽带中国政策综合考虑了数字化和低碳化建设的相互作用，数字化和智能化技术的应用可以提高企业能源利用效率，优化生产过程，从而减少碳排放，而低碳化建设则可以通过调整产业结构、推广清洁能源等方式减少企业的碳排放，碳交易试点与宽带中国政策在提高企业碳排放效率的过程中能够有效发挥政策间的协同效应，从而对出口绿色技术含量的提升产生协同作用。

表7－4　碳交易试点与宽带中国政策对出口绿色技术含量的协同影响结果

项目	(1)	(2)	(3)	(4)
	lnegs	*lnegs*	*lnegs*	*lnegs*
pilot × *post* × *BCP*	0.089*** (0.029)	0.075*** (0.024)	0.064*** (0.021)	0.068*** (0.022)
控制变量	NO	YES	YES	YES
年份固定效应	YES	YES	YES	YES
企业固定效应	YES	YES	YES	YES
城市时间趋势项	NO	NO	NO	YES
行业时间趋势项	NO	NO	YES	YES
Observations	10 225	10 225	10 225	10 225
R－squared	0.522	0.531	0.536	0.536

7.3.5　稳健性检验

7.3.5.1　更换碳交易试点政策实施节点

首先，本研究通过更换碳交易试点政策的实施时间点来检验协同效应，为了排除2013年中国启动七个碳市场给本研究结果带来的潜在影响，本研究以2013年为碳交易试点政策的实施时间点，即*post*取值为1时表示政策实施后（t ≥2013），*post*取值为0时表示政策实施前（t <2013）。随

后，按照协同效应检验模型进行实证回归检验。具体的回归结果如表 7 – 5 所示。在表 7 – 5 中，第 1 列没有加入控制变量，第 2 列加入了控制变量，在控制了各类固定效应之后，从第 1 列和第 2 列的结果可以看出，即使更换碳交易试点政策的实施节点，*pilot* × *post* × *lntargetp* × *sulpost* 的系数依旧显著为正，说明碳交易试点和环境目标政策对企业出口绿色技术含量发挥了正向提升的协同效应。

表 7 – 5　　　　更换碳交易试点政策实施时间点

项目	(1)	(2)
	lnegs	*lnegs*
pilot × *post* × *lntargetp* × *sulpost*	0.126* (0.0724)	0.206** (0.0953)
pilot × *post*	0.672* (0.383)	0.912** (0.376)
lntargetp × *sulpost*	0.244** (0.103)	0.204* (0.105)
控制变量	NO	YES
年份固定效应	YES	YES
企业固定效应	YES	YES
城市时间趋势项	YES	YES
行业时间趋势项	YES	YES
Observations	10 225	10 225
R – squared	0.797	0.808

7.3.5.2　排除宏观经济因素影响

各个省份的研发强度和能源消费结构等宏观经济因素可能会对上述结果产生干扰。因为本研究在式（7.2）中加入了省份固定效应与时间固定效应的交乘项，在回归过程中，该交乘项可以吸收企业所在省份随时间变化的宏观经济因素，从而控制各地区宏观经济因素的影响。具体的回归结果如表 7 – 6 所示，表 7 – 6 中的第 1 列没有加入控制变量，第 2 列加入了控制变量。结果发现，*pilot* × *post* × *lntargetp* × *sulpost* 的系数均在 10% 的水平内显著为正，这与上文结果相差不大。说明在排除企业所处省份地区的宏观经济影响因素之后，本研究的结果并没有发生太大改变，进一步验证了本研究结果的稳健性。

表 7－6　　　　排除宏观经济因素影响

项目	(1)	(2)
	lnegs	*lnegs*
pilot × post × lntargetp × sulpost	0.166 * (0.092)	0.237 ** (0.120)
pilot × post	0.981 ** (0.492)	1.176 ** (0.481)
lntargetp × sulpost	0.113 (0.104)	0.0755 (0.107)
控制变量	NO	YES
年份固定效应	YES	YES
企业固定效应	YES	YES
城市时间趋势项	YES	YES
行业时间趋势项	YES	YES
Observations	10 225	10 225
R－squared	0.798	0.809

7.3.5.3　排除能源政策影响

在碳交易试点和环境目标政策实施的过程中，中国也实施了以节能减排和提升能效为目标的能源政策，为了排除这些能源政策对本研究结果的干扰，需要对这些能源政策进行剥离。本研究根据前文的方法将中国的煤炭消费大省、西部地区的新能源省份和节能与新能源汽车试点城市的企业样本进行剔除，从而剥离能源政策的潜在影响。具体回归结果如表 7－7 中的第 1 列和第 2 列所示。结果发现，无论是否加入控制变量，*pilot × post × lntargetp × sulpost* 的系数均在 5% 的水平内显著为正，进一步验证了本研究结果的稳健性。

表 7－7　　排除能源政策影响

项目	(1)	(2)
	lnegs	*lnegs*
$pilot \times post \times lntargetp \times sulpost$	0.248**	0.309***
	(0.121)	(0.118)
$pilot \times post$	1.236**	1.392***
	(0.481)	(0.473)
$lntargetp \times sulpost$	0.0301	0.110
	(0.127)	(0.129)
控制变量	NO	YES
年份固定效应	YES	YES
企业固定效应	YES	YES
城市时间趋势项	YES	YES
行业时间趋势项	YES	YES
Observations	6 908	6 908
R－squared	0.811	0.821

7.3.5.4　更换环境目标政策衡量方式

“十一五”至“十三五”规划均对各个省份的化学需氧量和二氧化硫这两种主要污染物的排放总量进行了限制，上文在构造环境目标政策这一变量时是根据二氧化硫排放量进行设定的。为了避免测量误差，本研究根据各个省份的化学需氧量构造环境目标政策这一变量。具体而言，在式（7.2）中，*lntargetp* 变更为企业所在省份化学需氧量减排目标的自然对数，而 *sulpost* 的设定不变。随后，基于式（7.2）进行回归，具体回归结果显示如表 7－8 第 1 列和第 2 列所示。结果发现，$pilot \times post \times lntargetp \times sulpost$ 的系数在 10% 的水平内显著为正，保证了本研究结果的稳健性。

表 7-8　　　　　　　更换环境目标政策衡量方式

项目	(1)	(2)
	lnegs	*lnegs*
pilot × *post* × *lntargetp* × *sulpost*	0.159* (0.088)	0.241* (0.129)
pilot × *post*	0.846* (0.48)	0.924* (0.516)
lntargetp × *sulpost*	0.051 (0.136)	0.124 (0.225)
控制变量	NO	YES
年份固定效应	YES	YES
企业固定效应	YES	YES
城市时间趋势项	YES	YES
行业时间趋势项	YES	YES
Observations	10 225	10 225
R - squared	0.792	0.8

7.3.6 碳交易试点与环境目标政策协同效应的作用渠道——基于绿色技术创新和资源配置效率检验

对于企业来说，碳交易试点政策与环境目标政策具有较强的约束性和激励性，为企业明确了生产经营方向，促使企业重新进行资源配置活动，合理引导企业持续不断地将研发资金投入到绿色项目中去。企业也会主动增加清洁型生产部门的投入，减少污染型生产部门的投入，加大清洁环保型产品的生产，减少污染型产品的生产。因此，碳交易试点与环境目标政策可能从绿色技术创新和资源配置效率两个作用渠道上协同提高企业的出口绿色技术含量。接下来，本研究将对绿色技术创新水平和优化资源配置效率来检验协同效应的作用渠道。具体而言，本研究将式（7.2）中的被解释变量 *lnegs* 分别替换成绿色技术创新水平 *gi* 和资源配置效率 *rae*，企业绿色技术创新水平 *gi* 和资源配置效率 *rae* 的测算方式已经在第 4 章中进行了说明，此处不进行叙述。随后，分别对其进行回归，具体回归结果如表7-9所示。在表7-9中，第1列和第2列的被解释变量为绿色技术创新水平 *gi*，第3列和第4列的被解释变量为资源配置效率 *rae*。第1列和第3列没有加入控制变量，第2列和第4列加入了控制变量。第1列和第2列中 $pilot \times post \times lntargetp \times sulpost$ 的系数在10%的水平内显著为正，表明碳交易试点与环境目标政策可以打消企业在绿色研发活动上的犹豫不决，通过约束和激励的双重作用促使企业持续性地进行绿色技术创新活动，最终带动了出口绿色技术含量的提升。第3列和第4列中 $pilot \times post \times lntargetp \times sulpost$ 的系数在10%的水平内显著为负，说明碳交易试点与环境目标政策可以优化企业的资源配置效率，让企业由生产污染型产品转向生产清洁型产品，继而通过这一作用渠道发挥协同效应，提升企业的出口绿色技术含量水平。因此，本研究的实证结果表明，碳交易试点与环境目标政策可以通过协同作用于企业的绿色技术创新和资源配置效率，来提升企业的出口绿色技术含量。

表7-9 碳交易试点与环境目标政策协同效应的作用渠道检验

项目	(1)	(2)	(3)	(4)
	gi	*gi*	*rae*	*rae*
$pilot \times post \times lntargetp \times sulpost$	0.00985* (0.0055)	0.00911* (0.0048)	-0.00582* (0.00314)	-0.0021* (0.00103)
$pilot \times post$	0.0317* (0.0181)	0.0288* (0.0161)	-0.00428* (0.0024)	-0.00929** (0.00396)
$lntargetp \times sulpost$	0.00673 (0.00607)	0.00104 (0.00605)	0.00107 (0.00145)	0.00413 (0.00146)
控制变量	NO	YES	NO	YES
年份固定效应	YES	YES	YES	YES
企业固定效应	YES	YES	YES	YES
城市时间趋势项	YES	YES	YES	YES
行业时间趋势项	YES	YES	YES	YES
Observations	10 225	10 225	10 225	10 225
R-squared	0.495	0.491	0.828	0.842

7.3.7 碳交易试点与宽带中国政策协同效应的作用渠道——基于绿色技术创新检验

接下来，本研究从绿色技术创新水平这一渠道来检验碳交易试点与宽带中国政策对出口绿色技术含量产生协同效应的作用渠道。具体而言，本研究将式（7.4）中的被解释变量 *lnegs* 替换成绿色技术创新水平 *gi*，随后对其进行回归，具体回归结果如表 7－10 所示。在表 7－10 中，第 1 列和第 2 列中 $pilot \times post \times BCP$ 的系数在 10% 的水平内显著为正，表明碳交易试点与宽带中国政策可以发挥正向协同作用，促进企业绿色技术创新水平的提升。

表 7－10　碳交易试点与宽带中国政策协同效应的作用渠道检验

项目	(1)	(2)
	gi	*gi*
$pilot \times post \times BCP$	0.0324* (0.018)	0.0366* (0.0198)
控制变量	NO	YES
年份固定效应	YES	YES
企业固定效应	YES	YES
城市时间趋势项	YES	YES
行业时间趋势项	YES	YES
Observations	10 225	10 225
R－squared	0.321	0.364

宽带中国政策的落实可以加快数字基础设施的建设，加强各地区之间的信息流通，有利于发挥知识的扩散作用，通过数字赋能调整企业绿色创新能力并进而提升企业的出口绿色技术含量。信息基础设施的创新驱动效应具有动态可持续性，并且数字经济与技术创新具有相互促进、相互影响的双向互动关系。碳交易试点政策能刺激企业进行绿色创新，作为一项具有激励性的环境监管政策，碳交易试点政策会通过激励和惩罚并行的方式

推进企业的低碳建设进程，在“遵循成本效应”的压力下，对污染排放的再治理也会阻碍当地经济发展，还有一些企业会在政策的指引下，不断加大研发投入去提升绿色技术创新水平。因此，碳交易试点与宽带中国政策可以通过协同作用于企业的绿色技术创新这一渠道，来提升企业的出口绿色技术含量。

7.4 本章小结

本章利用连续型双重差分模型实证研究了环境目标政策与企业出口绿色技术含量之间的因果效应，利用渐进双重差分模型实证研究了宽带中国政策与企业出口绿色技术含量之间的因果效应，又利用协同效应分析模型分别实证研究了碳交易试点和环境目标政策对企业出口绿色技术含量的协同效应，以及碳交易试点和宽带中国政策对企业出口绿色技术含量的协同效应。

首先，基于第 4 章的数据，本章利用连续型双重差分模型实证研究了环境目标政策对企业出口绿色技术含量的影响，发现环境目标政策可以凭借其强制性的约束作用显著促进企业出口绿色技术含量的提升。本章利用渐进双重差分模型实证研究了宽带中国政策对企业出口绿色技术含量的影响，发现宽带中国政策可以通过提高企业数字化水平来显著促进企业出口绿色技术含量的提升。

其次，本章构建协同效应分析模型来实证研究碳交易试点和环境目标政策对企业出口绿色技术含量的协同影响，结果发现，碳交易试点政策与环境目标政策并没有单打独斗或互相干扰，而是会相辅相成，发挥出协同效应，显著提高企业的出口绿色技术含量。为了保证结果的稳健性，本研究进行了更换碳交易试点政策实施节点、排除宏观经济因素影响、排除能源政策影响和更换环境目标政策衡量方式等一系列稳健性检验，结果发现本章的结果依旧可靠。此外，碳交易试点和宽带中国政策对企业出口绿色技术含量的协同影响也存在正向效应。

最后，本章实证检验了碳交易试点与环境目标政策协同效应的作用渠道，发现碳交易试点与环境目标政策可以协同作用于企业的绿色技术创新水平和资源配置效率。碳交易试点与宽带中国政策可以通过协同作用于企业的绿色技术创新水平来发挥其对出口绿色技术含量的正向协同效果。

接下来，本研究将根据前文所得到的结果进行总结，并从提升出口绿色技术含量水平出发，对优化试点碳市场的运行、全国碳市场的政策设计以及优化企业管理水平等方面提出相应的政策建议。

第8章

结论与政策建议

本章首先对前文得到的实证结果进行了简要总结，随后根据中国碳交易试点政策与出口绿色技术含量的现状，从提升中国出口绿色技术含量视角出发，总结了优化完善试点碳市场和全国碳市场政策设计的政策建议。

8.1 主要结论

本书围绕“中国碳交易试点政策与出口绿色技术含量”这一主题，在理论层面厘清了碳交易试点政策影响企业出口绿色技术含量的作用机理，随后采用中国2003年至2016年上市企业数据，利用双重差分模型和一系列稳健性检验实证研究了碳交易试点政策对企业出口绿色技术含量的影响，接着以企业绿色专利被引数为基础构建了绿色专利质量指数，以Richardson模型为基础测量了企业的资源配置效率，采用中介效应模型检验了碳交易试点政策对出口绿色技术含量影响的作用渠道；考虑到不同碳试点地区的政策设计不同，本研究在双重差分模型的基础上构建了分试点地区分析模型，实证检验了六个试点碳市场对于企业出口绿色技术含量的异质性影响，接着考虑到重要且能量化的政策要素，构建政策设计分析模型实证检验了不同政策设计对企业出口绿色技术含量的异质性影响；考虑到企业所处外部环境和企业自身内部环境存在不同，本研究在双重差分模型的基础上利用交互项回归和分样本回归实证检验了碳交易试点政策对处于不同外部环境和内部环境企业的异质性影响；不同政策之间的协同是碳市场建设的重要问题，因此本研究在连续双重差分模型的基础上构建协同效应模型，实证检验了环境目标和碳交易试点政策对企业出口绿色技术含量产生的协同效应。最终，本书得到以下结论。

8.1.1 碳交易试点政策整体上显著促进了中国上市企业出口绿色技术含量的提升

一方面，碳交易试点政策通过绿色技术创新提升了企业的出口绿色技术含量。碳交易试点政策降低了企业对绿色创新项目的不确定性，坚定了企业进行绿色技术创新活动的信心，从而使其加大在绿色项目上的研发投入，提升了企业的绿色技术创新水平。在企业的绿色技术创新水平得到提升后，企业的生产工艺更为清洁，碳排放量得以减少，企业可以将多余的碳配额在碳市场上出售以换取额外收益。从而给企业带来了创新补偿效应，抵消了政策所带来的成本压力，也促进了企业生产效率的提高，带来了规模经济，企业可以以较低的能源投入生产更多的产品，有助于打破绿色贸易壁垒，在国际出口产品市场上获得竞争优势，最终促使企业的出口绿色技术含量得到提升。

另一方面，碳交易试点政策通过优化企业资源配置效率提升了企业的出口绿色技术含量。碳交易试点政策使出售多余二氧化碳配额的权利从高污染型或生产效率低的企业流向清洁型或生产效率高的企业，而高污染型或生产效率低的企业只能被动购买二氧化碳配额，最终使生产要素和生产资源都流向清洁型或生产效率较高的企业。根据企业异质性理论，生产效率低下的企业会选择退出市场，市场份额便会由高污染型或生产效率低的企业转移到清洁型或生产效率高的企业，因此，碳交易试点政策优化了企业的资源配置效率。企业的资源配置效率得到提升后，企业会主动调整它的产品生产行为，增加清洁型生产部门的投入，减少污染型生产部门的投入，从而增加清洁产品的生产和出口，减少了污染型产品的生产和出口，最终提高了企业的出口绿色技术含量。

8.1.2 不同试点碳市场和政策设计对企业出口绿色技术含量的影响存在异质性

一方面，北京碳市场和湖北碳市场对于企业出口绿色技术含量的提升效果高于其他碳市场。相比于其他试点碳市场，北京碳市场取得较好效果的原因可能是由于其市场活跃度较高、注重顶层设计、重视 MRV 制度建设和严格管控交易风险。上述做法使北京碳市场的碳价格波动较小，始终保持平稳，处于较高水平，保证了碳市场的市场属性，发挥了碳价格发现功能，激发了控排企业参与碳交易的积极性。企业加大绿色技术研发，积极优化自身的资源配置，从而提高了出口绿色技术含量。而湖北碳市场凭借较大的控排规模、独特的价格稳定机制和创新的碳配额管理设计，保证了其自身的良好运行，使湖北碳可以有效提高企业的出口绿色技术含量。

另一方面，不同的碳交易政策设计对于企业出口绿色技术含量的影响存在不同。碳市场的碳配额分配总量越多、CCER 交易量越多、履约惩罚力度越松，越不利于企业出口绿色技术含量的提升。而采用混合分配方式和在分配碳配额时采用标杆法，则有利于企业出口绿色技术含量的提升。

8.1.3 碳交易试点政策对不同企业的出口绿色技术含量存在不同影响

一方面，碳交易试点政策对处于不同外部环境的企业存在异质性影响。就企业所在地区的官员晋升压力程度而言，碳交易试点政策更能有效促进处在官员晋升压力程度较高地区企业的出口绿色技术含量。就企业所在地区的财政分权程度而言，碳交易试点政策更能有效促进处在财政分权程度较高地区企业的出口绿色技术含量。就企业所在地区的市场化水平而言，碳交易试点政策更能有效促进处在市场化水平较高地区企业的出口绿色技术含量。

另一方面，碳交易试点政策对处于不同内部环境的企业存在异质性影响。就企业产权性质而言，碳交易试点政策更能有效促进国有企业的出口绿色技术含量。就机构投资者持股比例而言，碳交易试点政策更能有效促进机构投资者持股比例较高企业的出口绿色技术含量。就企业高管教育背景而言，碳交易试点政策更能有效促进高管团队受教育水平较高企业的出口绿色技术含量。就企业高管股权激励而言，碳交易试点政策更能有效促进高管股权激励程度较高企业的出口绿色技术含量。就企业社会责任而言，碳交易试点政策更能有效促进社会责任感较高企业的出口绿色技术含量。

8.1.4 碳交易试点政策可以与环境目标政策发生协同效应，显著促进企业出口绿色技术含量的提升

一方面，环境目标政策的实施为碳交易试点政策的实施创造了良好环境，提升了受规制企业的环境规制遵循程度与意识，企业的节能减排意识更强，放大了碳交易试点政策的效果。另一方面，碳交易试点政策可以通过发挥市场属性来减少企业遵守环境目标政策的遵循成本，避免挤占研发资金。此外，碳交易试点与环境目标政策的协同可以相互牵制，打消企业的投机心理和逃避行为，坚定企业进行绿色技术创新的信心，引导企业合理配置自身资源，将资金投向绿色技术创新领域。因此，碳交易试点政策和环境目标政策可以通过提升绿色技术创新水平和优化资源配置效率来对企业出口绿色技术含量的提升产生正向协同作用。

8.1.5 碳交易试点政策可以与宽带中国政策发生协同效应，显著促进企业出口绿色技术含量的提升

碳交易试点政策和宽带中国政策综合考虑了数字化和低碳化建设的相互作用。宽带中国政策带来的数字化和智能化技术的应用可以提高企业能源利用效率，使企业优化生产过程，从而减少碳排放。而碳交易促进了企业的低碳化建设，继而可以通过调整产业结构、推广清洁能源等方式减少企业的碳排放。因此，碳交易政策和宽带中国政策在减少企业生产过程中的碳排放时能够有效发挥政策间的协同效应，从而对出口绿色技术含量的

提升产生协同促进作用。

8.2 政策建议

为了提升我国的出口绿色技术含量，根据以上结论，结合试点碳市场和全国碳市场共存的实际情况，从试点碳市场建设的优化完善、全国碳市场建设的优化完善和企业经营管理三个角度出发提出以下政策建议。

8.2.1 关于试点碳市场政策设计的建议

第一，碳排放配额总量设定要适度从紧。碳排放配额总量设定的多少将影响碳价的高低。碳排放配额总量过多可能会导致市场中的碳配额出现供大于求的情形，此时碳价低下，企业不愿参与碳市场，不利于市场的有效运行。本书的实证研究也发现当试点地区的碳配额总量过高时，将不利于企业出口绿色技术含量的提升。因此，政府应该结合“双碳”目标和当地产业的实际发展情况，在适度从紧的原则下，把碳排放配额总量设定在合理范围以内，不能设定过松，从而保证碳市场的有效性。

第二，配额分配方法应该以标杆法为主。从本书的实证研究结果来看，标杆法对企业出口绿色技术含量所产生的提升效果在一定程度上比历史排放法和历史强度法要好。因此，未来应进一步细化标杆法的配额分配方法。碳排放的配额发放基准应该更加严格，在控制碳排放总量的情况下，要根据各个行业的实际技术水平划分不同的基准值。目前除了电力行业之外，标杆法尚未在其他行业大规模使用，因此各试点地区在进行碳市场的建设时要逐步转变为以标杆法为主的配额分配方法。

第三，配额发放方式应由免费分配向公开拍卖过渡。从理论上来说，最优的配额发放方式是公开拍卖。公开拍卖的优势是可以为政府部门带来额外收入，政府部门可以将这笔收入应用于环境治理，或鼓励企业进行技术创新，可以体现出公平公正的原则。另外，足够高的碳价格才能够让碳市场有效运行，公开拍卖是碳市场的最终发展方向，可有效规避碳市场寻租。然而，有偿分配会给企业带来较高的成本，会受到企业的强烈抵触，因此为了控制碳交易对经济产生的负面影响，无论是试点碳市场还是全国碳市场，其配额发放方式应该从免费分配过渡到公开拍卖。具体而言，在碳市场运行初期，可以采用免费分配方式。但在碳市场的成熟阶段，应该以公开拍卖为主，对于部分特殊性行业或企业，其公开拍卖和免费发放的比例也应有所区别。

第四，优化CCER抵消比例。在完善碳市场时需要考虑到CCER对碳市场碳配额供求关系的影响，本书的研究结果表明，过量的CCER交易量不利于企业出口绿色技术含量的提升。因此，碳市场允许的CCER抵消比例不宜过高，应控制在适当范围内。由于地区自然资源禀赋的不同，中西部地区和自然资源丰富地区CCER的抵消比例可以适当扩大。根据CCER整体的供给情况和对环境的友好程度，适当限制水电类项目CCER的抵消比例，适当提高林业碳汇和农业项目的CCER抵消比例。

第五，重视企业履约管理。在进行配额分配之前，应该提前做好企业履约的摸底、核查、督促和培训工作，加大对跨行业、跨市场、跨国界的碳交易的监督管理，引导企业主动进行碳资产管理。鼓励企业在履约期中多进行交易碳交易，避免因履约前大量交易造成碳价过高，增加履约成本。同时，对于不能按时履约的企业，要给予严格的经济惩罚，同时取消对企业的信贷资金支持和政策扶持，避免企业的投机行为。对于按时履约的企业，可以考虑在企业的节能减排项目上给予资金和政策上的支持，从而提高企业履约的积极性，更好地保证碳市场的有效运行。

8.2.2 关于全国碳市场政策设计的建议

第一，建立健全碳市场法律法规体系。目前中国尚无应对气候变化的法律，没有从根本上确立碳市场的强制性，也无法完全保证碳市场各方参与者的利益，这会制约全国碳市场的规范运行。因此，需要根据国际和试点经验并考虑中国具体国情，制定专门针对碳市场的法律法规体系。在立法过程中，应基于科学原则，明确规定碳交易的基本规则、相关程序、交易对象和奖惩措施等主要内容，保证碳市场的公平、公正与公开。与此同时，除了制定基本的法律法规外，也需要尽快出台相关的实施细则和各项配套政策，构建一个完整的碳市场政策体系。

第二，逐步扩大碳市场的温室气体覆盖范围和行业覆盖范围。目前，考虑到能源消耗主要产生二氧化碳，因此，中国的七个试点碳市场覆盖的温室气体主要是二氧化碳，并没有覆盖氧化亚氮、甲烷等其他温室气体。但随着碳市场的逐渐成熟，为了应对气候变化，其他非二氧化碳类温室气体也应该被逐步纳入到全国碳市场中。与此同时，也要注意到排污数据的可获得性和企业减排难易度等多重因素。目前，试点碳市场的覆盖行业主要是高耗能行业，而全国碳市场的覆盖行业是电力行业，因此全国碳市场应逐步纳入航空、水泥、钢铁和化工等高耗能行业。纳入过程中也需要兼顾行业的减排潜力、参与意愿、承受力以及排放数据质量等因素。在碳市场运行初期，选择历史数据基础好、减排潜力大、便于实施的少数重点行业和企业，随后逐步扩大范围。

第三，加强碳排放 MRV 制度建设。在碳排放 MRV 制度建设方面，全国碳市场可以借鉴北京碳市场，建立统一的核查标准，规范核查程序，明确核查内容。实行核查机构和核查员双备案制，对企业提交的碳排放报告进行第三方核查，再组织核查机构第四方交叉抽查，确保企业提交碳排放数据的质量。另外，可以为不同的行业和企业制定针对性的碳排放 MRV 技术指南，帮助企业使用标准化的方法报告碳排放数据，以此提高核查机构的工作效率，最终构建起全国统一的、覆盖全国经济领域的碳排放 MRV 技术指南，为全国碳市场的有效运行打好数据基础。

第四，加强人员能力建设。要提高相关地区、行业和企业相关人员对碳市场的科学认识和参与意识，加强他们的专业技术能力。由于中国碳市场规模巨大，已经成为全球最大的碳市场，需要一批相当规模的专业人才去保障碳市场的运行。因此，要抓紧编制涵盖全国碳市场各个环节的系列培训教材供相关人员学习，另外，还要依托大量的碳市场培训活动来加强碳市场相关人才的队伍建设，为碳市场的平稳运行奠定人才基础。

第五，加强碳市场顶层设计及与其他政策的协同。为充分发挥碳市场的节能减排作用，应进一步借鉴试点碳市场的发展经验，通过比较试点碳市场的差异找到优化全国碳市场的模式。在优化试点碳市场和全国碳市场的设计时，要稳步推动试点碳市场与全国碳市场链接。同时，加强碳市场与经济发展目标、节能减排政策、大气污染治理等相关环境政策之间的协同设计，优化多种政策工具组合，如碳交易机制、碳税、补贴水平等，发挥政策工具之间的协同效应，以最小化的经济成本获得最大化的环境收益。

8.2.3 关于企业经营管理的建议

第一，企业应转变经营观念，从被动减排转向主动绿色创新。“双碳”目标下，企业参与碳交易市场是有益的，可以为其带来实质性的经济回报。随着政府环境治理力度的加强和环保理念的深入人心，消费者会更加青睐绿色环保和清洁的产品，绿色产品在市场上的竞争力将会很强。因此，企业就需要转变发展理念，积极参与碳交易市场并进行节能减排，加大研发投入，开发绿色工艺和产品，主动进行绿色技术创新，并向外界传递积极的环境理念。本书的实证研究结果已经表明，对于社会责任感较高的企业，碳市场在提升其出口绿色技术含量方面的效果亦较为明显。这也就说明企业的绿色环保理念会得到消费者的认可，发挥出先动优势，降低企业的生产成本，增加企业的竞争力。由此可知，在碳市场作用下，企业通过主动治理环境的行为获得的竞争优势优于被动治理。

第二，提升高管团队受教育水平。企业在聘任高管团队成员时除了注重其工作经验外，要有意识地注重高管团队的专业素质和学历水平。因为管理者受教育水平越高，越能根据当前国内外宏观经济发展形势，制定出符合企业目前发展状况的生产经营战略，从而帮助企业长远发展。特别是在当前碳中和背景下，高管团队的受教育水平越高，越可以帮助企业制定出可持续发展的生产经营战略。此外，应当对企业现有员工进行定期的碳交易相关内容培训和宣传，普及碳交易的相关知识，提升企业员工的专业素质和认知水平。

第三，建立合理有效的高管股权激励制度。本书的研究结果发现，碳交易试点政策更能有效促进高管股权激励程度较高企业的出口绿色技术含量，因此企业应该建立合理的高管股权激励制度，通过股权激励让高管利益和股东利益紧密相连，激发高管的主动意识和竞争意识，使其结合当前在“双碳”目标背景下的现实情况，注重企业的可持续发展，积极履行社会责任，从而为企业带来长久收益。

第四，发挥机构投资者对企业的监督治理功能。因为不同机构投资者持有企业股票的目的有所不同，在参与公司治理时的监督能力也存在差异。在当前绿色低碳发展背景下，政府需要宣传引导机构投资者树立可持续的价值投资理念，支持和鼓励机构投资者注重企业的长期可持续发展，壮大绿色型投资偏好的机构投资者规模。当重视企业的可持续发展的机构投资者数量规模增多后，则可以更好地发挥其对于企业的外部监督治理作用，从而避免企业管理层出现短视和机会主义行为，更好地引导企业从长远角度考虑去主动进行绿色低碳转型，增强竞争力。

第五，借助宽带中国政策提升企业数字化水平。宽带中国政策促进了试点地区数字基础设施水平的提升。企业应用足用好数字基础设施建设红利，通过加快数字化建设去促进出口绿色技术含量的提升。首先，企业应积极关注政府发布的各项数字基础设施建设政策，规划短期与长期的政府项目申报路线，利用项目资助基金加强高质量绿色技术的研发和应用，促进主营业务推广的同时为企业树立良好形象，从而获得更多政府与市场的支持，拓展自身融资渠道。其次，企业要抓住地区数字基础设施建设带来的技术契机，积极推进数字化转型，促进企业绿色创新，提质增效。最后，企业应积极响应宽带中国政策的号召，加强数字化平台建设，促进企业内外部的互联互通，降低信息不对称程度，共享绿色创新资源，提升绿色创新效率，创新生产模式，推动绿色产品研发，提升绿色创新附加价值，进而提升企业的出口绿色技术含量。

参考文献

[1] Albrizio S, Kozluk T, Zipperer V. Environmental policies and productivity growth: Evidence across industries and firms [J]. Journal of Environmental Economics and Management, 2017, 81: 209 -226.

[2] Amiti M, Freund C. The Anatomy of China's Export Growth [J]. Policy Research Working Paper Series, 2008, 1: 4628.

[3] Ashenfelter O, Card D E. Using the Longitudinal Structure of Earnings to Estimate the Effect of Training Programs [J]. Review of Economics and Statistics, 1985, 67: 648 -660.

[4] Berrone P, Fosfuri A, Gelabert L, et al. Necessity as the mother of 'green' inventions: Institutional pressures and environmental innovations [J]. Strategic Management Journal, 2013, 34 (8): 891 -909.

[5] Brawn E, Wield D. Regulation as a means for the social control of technology [J]. Technology Analysis and Strategic Management, 1994 (3): 497 -505.

[6] Cai W G, Ye P. A more scientific allocation scheme of carbon dioxide emissions allowances: The case from China [J]. Journal of Cleaner Production, 2019, 215: 903 -912.

[7] Chen S X. The effect of a fiscal squeeze on tax enforcement: Evidence from a natural experiment in China [J]. Journal of Public Economics, 2017, 147: 62 -76.

[8] Chen Z, Song P, Wang B L. Carbon emissions trading scheme, energy efficiency and rebound effect - Evidence from China provincial data [J]. Energy Policy, 2021, 157: 112507.

[9] Chen Z, Zhang X, Chen F. Do carbon emission trading schemes stimulate green innovation in enterprises? Evidence from China [J]. Technological Forecasting and Social Change, 2021, 168 (2): 120744.

[10] Cole M A, Elliott R J R, Okubo T, et al. Trade, environmental regulations and industrial mobility: An industry – level study of Japan [J]. Ecological Economics, 2010, 69 (10): 1995 –2002.

[11] Copeland, et al. Trade and Transboundary Pollution [J]. American Economic Review, 1995, 85 (4): 716 –737.

[12] Cui J, Wang C, Zhang J, et al. The effectiveness of China's regional carbon market pilots in reducing firm emissions [J]. Proceedings of the National Academy of Sciences of the United States of America, 2021, 118 (52): e2109912118.

[13] Cui R Y, Hultman N, Edwards M R, et al. Quantifying operational lifetimes for coal power plants under the Paris goals [J]. Nature Communications, 2019, 10 (1): 4759.

[14] Dong F, Yuan J, Zhang S N. Can a carbon emission trading scheme generate the Porter effect? Evidence from pilot areas in China [J]. Science of the Total Environment, 2018, 653: 565 –577.

[15] Du W J, Li M J. Influence of environmental regulation on promoting the low – carbon transformation of China's foreign trade: Based on the dual margin of export enterprise [J]. Journal of Cleaner Production, 2020, 244: 118687.

[16] Dubey R, Gunasekaran A, Childe S J, et al. Can big data and predictive analytics improve social and environmental sustainability? [J]. Technological Forecasting & Social Change, 2017, 144: 534 –545.

[17] Fan X, Li X, Yin J, et al. Similarity and heterogeneity of price dynamics across China's regional carbon markets: A visibility graph network approach [J]. Applied Energy, 2019, 235: 739 –746.

[18] Fang G, Tian L, Liu M, et al. How to optimize the development of carbon trading in China—Enlightenment from evolution rules of the EU carbon price [J]. Applied Energy, 2018, 211: 1039 –1049.

[19] Finger J M, Kreinin M E. A Measure of Export Similarity and Its Possible Uses [J]. The Economic Journal, 1979, 89 (356): 894 - 905.

[20] Ford J A, Steen J, Verreynne M L. How environmental regulations affect innovation in the Australian oil and gas industry: Going beyond the Porter Hypothesis [J]. Journal of Cleaner Production, 2014, 84 (1): 204 - 213.

[21] Gao Y, Whalley J, Ren Y. Decomposing China's Export Growth into Extensive Margin, Export Quality and Quantity Effects [J]. China Economic Review, 2014, 29: 19 - 26.

[22] Ge T, Li J, Sha R, et al. Environmental regulations, financial constraints and export green - sophistication: Evidence from China's enterprises [J]. Journal of Cleaner Production, 2020, 251: 119671.

[23] Greenstone M, List J A, Syverson C, et al. The effects of environmental regulation on the competitiveness of US manufacturing [R]. NBER Working Paper, 2012: 18392.

[24] Hall B H, Jaffe A B, Trajtenberg M. The NBER patent citation data file: Lessons, insights and methodological tools [R]. National Bureau of Economic Research, 2001.

[25] Harrison D, Klevnas P, Nichols A L, et al. Using Emissions Trading to Combat Climate Change: Programs and Key Issues [J]. Social Science Electronic Publishing, 2008, 6: 1 - 38.

[26] Hausmann R, Jason H, Dani R, et al. What you export matters [J]. Journal of economic growth, 2007, 12 (1): 1 - 25.

[27] Hering L, Poncet S. Environmental policy and exports: Evidence from Chinese cities [J]. Journal of Environmental Economics & Management, 2014, 68 (2): 296 - 318.

[28] Hu Y, Ren S, Wang Y, et al. Can carbon emission trading scheme achieve energy conservation and emission reduction? Evidence from the industrial sector in China [J]. Energy Economics, 2020, 85: 104590.

[29] ICAP. Emissions Trading Worldwide: Status Report 2021 [R]. Berlin: International Carbon Action Partnership, 2021.

[30] Jaffe A B, Rassenfosse G. Patent citation data in social science research: Overview and best practices [J]. Research Handbook on the Economics of Intellectual Property Law, 2019, 68 (6): 1360 - 1374.

[31] Lall S. The Technological Structure and Performance of Developing Country Manufactured Exports, 1985 - 98 [J]. Oxford Development Studies, 2000, 28 (3): 337 - 369.

[32] Lall S, Weiss J, Zhang J. The "Sophistication" of Exports: a New Trade Measure [J]. World Development, 2006, 34 (2): 222 - 237.

[33] Li C, Lu J. R&D, financing constraints and export green - sophistication in China [J]. China Economic Review, 2018, 47: 234 - 244.

[34] Li K, Qi S Z, Yan Y X, et al. China's ETS pilots: Program design, industry risk, and long - term investment [J]. Advances in Climate Change Research, 2022, 13: 82 - 96.

[35] Liu X, Wang B, Du M, et al. Potential economic gains and emissions reduction on carbon emissions trading for China's large - scale thermal power plants [J]. Journal of Cleaner Production, 2018, 204: 247 - 257.

[36] Liu Y, Liu S, Shao X, et al. Policy spillover effect and action mechanism for environmental rights trading on green innovation: Evidence from China's carbon emissions trading policy [J]. Renewable and Sustainable Energy Reviews, 2022, 153: 111779.

[37] Manner M H. The Impact of CEO Characteristics on Corporate Social Performance [J]. Journal of Business Ethics, 2010, 93: 53 - 72.

[38] Michaely M. Trade, Income Levels, and Dependence [M]. Amsterdam: North - Holland, 1984.

[39] Millimet D L, Roy J. Empirical tests of the pollution haven hypothesis when environmental regulation is endogenous [J]. Journal of Applied Econometrics, 2016, 31 (4): 652 - 677.

[40] Mu Y, Wang C, Cai W. The economic impact of China's INDC: Distinguishing the roles of the renewable energy quota and the carbon market [J]. Renewable & Sustainable Energy Reviews, 2017, 81: 2955 - 2966.

[41] Nancy Q. Missing women and the price of tea in China: The effect of sex – specific earnings on sex imbalance [J]. The Quarterly Journal of Economics, 2008, 123 (3): 1251 – 1285.

[42] Noailly J, Smeets R. Directing technical change from fossil – fuel to renewable energy innovation: an application using firm – level patent data [J]. Journal of Environmental Economics & Management, 2015, 72: 15 – 37.

[43] Pavitt K. Sectoral patterns of technical change: Towards a taxonomy and a theory [J]. Research Policy, 1984, 2: 343 – 373.

[44] Peng H R, Qi S Z, Cui J B. The environmental and economic effects of the carbon emissions trading scheme in China: The role of alternative allowance allocation [J]. Sustainable Production and Consumption, 2021, 28: 105 – 115.

[45] Porter M E, Linde V D. Toward a New Conception of the Environment – Competitiveness Relationship [J]. Journal of Economic Perspectives, 1995, 9 (4): 97 – 118.

[46] Porter M E. America's Green Strategy [J]. Scientific American, 1991, 264 (4): 193 – 246.

[47] Qi S Z, Cheng S H. The influence of China's pollution emissions trading system on the listed companies' export products' quality [J]. Environmental Science and Pollution Research, 2022, 29 (14): 20145 – 20159.

[48] Qi T, Winchester N, Karplus V J, et al. Will Economic Restructuring in China Reduce Trade – Embodied CO_2 Emissions? [J]. Energy Economics, 2014, 42: 204 – 212.

[49] Richardson S. Over – investment of free cash flow [J]. Review of Accounting Studies, 2006, 11 (2 – 3): 159 – 189.

[50] Rodrik D. What's so Special about China's Exports? [J]. China & World Economy, 2006, 14 (5): 1 – 19,

[51] Rong Z, Wu X, Boeing P. The effect of institutional ownership on firm innovation: Evidence from Chinese listed firms [J]. Research Policy, 2017, 46 (9): 1533 – 1551.

[52] Schott P K. The relative sophistication of Chinese exports [J]. Eco-

nomic policy, 2008, 23 (53): 5 -49.

[53] Shao S, Yang Z, Yang L, et al. Can China's Energy Intensity Constraint Policy Promote Total Factor Energy Efficiency? Evidence from the Industrial Sector [J]. The Energy Journal, 2019, 40 (4): 101 -128.

[54] Shi B. Extensive margin, quantity and price in China's export growth [J]. China Economic Review, 2011, 22 (2): 233 -243.

[55] Shi X, Xu Z. Environmental regulation and firm exports: Evidence from the eleventh Five - Year Plan in China [J]. Journal of Environmental Economics and Management, 2018, 89 (5): 187 -200.

[56] Tang K, Liu Y, D Zhou, et al. Urban carbon emission intensity under emission trading system in a developing economy: evidence from 273 Chinese cities [J]. Environmental Science and Pollution Research, 2021, 28: 1 -11.

[57] Tang K, Qiu Y, Zhou D. Does command - and - control regulation promote green innovation performance? Evidence from China's industrial enterprises [J]. Science of The Total Environment, 2020, 712: 136362.

[58] Testa F, Iraldo F, Frey M. The effect of environmental regulation on firms' competitive performance: The case of the building & construction sector in some EU regions [J]. Journal of Environmental Management, 2011, 92 (9): 2136 -2144.

[59] Tian X, Bai F, Jia J, et al. Realizing low - carbon development in a developing and industrializing region: Impacts of industrial structure change on CO_2 emissions in southwest China [J]. Journal of Environmental Management, 2019, 233: 728 -738.

[60] Tseng C Y, Wu L Y. Innovation quality in the automobile industry: measurement indicators and performance implications [J]. International Journal of Technology Management, 2007, 37 (1 -2): 162 -177.

[61] Walter I, Ugelow J. Environmental Policies in Developing Countries [J]. Ambio, 1979, 8: 102 -109.

[62] Wang H, Chen Z, Wu X, et al. Can a carbon trading system promote the transformation of a low - carbon economy under the framework of the

porter hypothesis? Empirical analysis based on the PSM – DID method [J]. Energy Policy, 2019, 129: 930 – 938.

[63] Wang X, Zhu L, Fan Y. Transaction costs, market structure and efficient coverage of emissions trading scheme: A microlevel study from the pilots in China [J]. Applied Energy, 2018, 220: 657 – 671.

[64] Worz. Skill Intensity in Foreign Trade and Economic Growth [J]. Empirica, 2005, 32 (1): 117 – 144.

[65] Xu B, Lu J Y. Foreign Direct Investment, Processing Trade and the Sophistication of China's Exports [J]. China Economic Review, 2009, 30 (3): 425 – 439.

[66] Yu S, Zhang J, Zheng S, et al. Provincial carbon intensity abatement potential estimation in China: A PSO – GA – optimized multi – factor environmental learning curve method [J]. Energy Policy, 2015, 77: 46 – 55.

[67] Yuan B, Xiang Q. Environmental regulation, industrial innovation and green development of Chinese manufacturing: Based on an extended CDM model [J]. Journal of Cleaner Production, 2018, 176: 895 – 908.

[68] Zhang Y J, Peng Y L, Ma C Q, et al. Can environmental innovation facilitate carbon emissions reduction? Evidence from China [J]. Energy Policy, 2017, 100: 18 – 28.

[69] Zhang Z, Guo J, Hewings G. The effects of direct trade within China on regional and national CO_2 emissions [J]. Energy Economics, 2014, 46: 161 – 175.

[70] Zhao X G, Wu L, Li A. Research on the efficiency of carbon trading market in China [J]. Renewable and Sustainable Energy Reviews, 2017, 79: 1 – 8.

[71] Zhao X G, Jiang G W, Nie D. How to improve the market efficiency of carbon trading: A perspective of China [J]. Renewable and Sustainable Energy Reviews, 2018, 59: 1229 – 1245.

[72] Zhu J, Fan Y, Deng X, et al. Low – carbon innovation induced by emissions trading in China [J]. Nature Communications, 2019, 10 (1): 4088.

[73] Zhu Y, Li Y P, Huang G H, et al. A dynamic model to optimize municipal electric power systems by considering carbon emission trading under uncertainty [J]. Energy, 2015, 88: 636 –649.

[74] Zhou C B, Qi S Z. Can carbon emission trading policy break China's urban carbon lock – in? [J]. Journal of Environmental Management, 2024a, 353: 120129.

[75] Zhou C B, Sun Z X, Qi S Z, et al. Green credit guideline and enterprise export green – sophistication [J]. Journal of Environmental Management, 2023a, 336: 117648.

[76] Zhou C B, Qi S Z. Has the pilot carbon trading policy improved China's green total factor energy efficiency? [J]. Energy Economics, 2022, 114: 106268.

[77] Zhou C B, Qi S Z, Li Y K. Environmental policy uncertainty and green transformation dilemma of Chinese enterprises [J]. Journal of Environmental Management, 2024b, 370: 122891.

[78] Zhou C B. Green innovation: a key strategy for enterprises and countries to gain a competitive edge in the global market [J]. Technology Analysis & Strategic Management, 2024, 5: 1 –16.

[79] Zhou C B, Li Y K, Wu C Y. Can the energy – consuming right transaction system improve energy efficiency of enterprises? New insights from China [J]. Energy Efficiency, 2024c, 17: 51.

[80] Zhou C B, Qi S Z, Li Y K. Can the green finance improve export greensophistication? New insights from China [J]. Environmental Science and Pollution Research, 2023b, 6: 28289.

[81] Zhou C B, Wang J C, Wu Z W. Impact of China's Energy – Consuming Right Trading on Urban Land Green Utilization Efficiency [J]. Land, 2024d, 13, 729.

[82] 卜茂亮，李双，张三峰．环境规制与出口：来自三维面板数据的证据 [J]. 国际经贸探索，2017，9：40 –47.

[83] 曹翔，傅京燕．不同碳减排政策对内外资企业竞争力的影响比

较 [J]. 中国人口·资源与环境, 2017, 27 (06): 10-15.

[84] 陈波, 杨庆. 双向FDI如何影响了中国出口技术含量: 基于动态空间面板模型的分析 [J]. 国际经贸探索, 2020, 36 (04): 71-88.

[85] 陈红喜, 刘东, 袁瑜. 低碳背景下的企业绿色竞争力评价研究: 基于价值链视角 [J]. 科技进步与对策, 2013, 30 (04): 116-120.

[86] 陈硕, 高琳. 央地关系: 财政分权度量及作用机制再评估 [J]. 管理世界, 2012, 6: 43-59.

[87] 陈维涛, 王永进, 孙文远. 贸易自由化、进口竞争与中国工业行业技术复杂度 [J]. 国际贸易问题, 2017, 1: 50-59.

[88] 陈晓华, 黄先海, 刘慧. 中国出口技术结构演进的机理与实证研究 [J]. 管理世界, 2011, 3: 44-57.

[89] 陈勇兵, 陈宇媚, 周世民. 贸易成本、企业出口动态与出口增长的二元边际: 基于中国出口企业微观数据 (2000—2005) [J]. 经济学(季刊), 2012, 11 (4): 1477-1502.

[90] 程令国, 张晔. 早年的饥荒经历影响了人们的储蓄行为吗: 对我国居民高储蓄率的一个新解释 [J]. 经济研究, 2011, 46 (08): 119-132.

[91] 戴魁早. 技术市场发展对出口技术复杂度的影响及其作用机制 [J]. 中国工业经济, 2018, 7: 19-32.

[92] 戴翔, 金碚. 产品内分工、制度质量与出口技术复杂度 [J]. 经济研究, 2014, 49 (7): 1-15.

[93] 戴翔, 张二震. 中国出口技术复杂度真的赶上发达国家了吗 [J]. 国际贸易问题, 2011, 7: 3-16.

[94] 董敏杰, 梁泳梅, 李钢. 环境规制对中国出口竞争力的影响: 基于投入产出表的分析 [J]. 中国工业经济, 2011, 3: 57-67.

[95] 杜修立, 王维国. 中国出口贸易的技术结构及其变迁: 1980—2003 [J]. 经济研究, 2007, 7: 137-151.

[96] 樊纲, 关志雄, 姚枝仲. 国际贸易结构分析: 贸易品的技术分布 [J]. 经济研究, 2006, 41 (8): 1-11.

[97] 范子英, 张航, 陈杰. 公共交通对住房市场的溢出效应与虹吸

效应：以地铁为例［J］．中国工业经济，2018，5：99－117.

［98］傅京燕，黄芬．中国碳交易市场CO_2排放权地区间分配效率研究［J］．中国人口·资源与环境，2016，26（02）：1－9.

［99］高敬峰．进口贸易提高了中国制造行业出口技术含量吗？［J］．世界经济研究，2013，3：29－34.

［100］高翔，袁凯华．清洁生产环境规制与企业出口技术复杂度：微观证据与影响机制［J］．国际贸易问题，2020，2：93－109.

［101］葛涛，李金叶，马莉．环境规制、融资约束与中国企业出口绿色技术含量［J］．现代财经，2018，38（12）：96－109.

［102］关志雄．从美国市场看“中国制造”的实力：以信息技术产品为中心［J］．国际经济评论，2002，4：5－12.

［103］管亚梅，李盼，焦钰．产权性质、雾霾污染程度与企业低碳绩效水平［J］．江苏社会科学，2018，1：85－94.

［104］韩超，桑瑞聪．环境规制约束下的企业产品转换与产品质量提升［J］．中国工业经济，2018，2：43－62.

［105］郝项超，梁琪，李政．融资融券与企业创新：基于数量与质量视角的分析［J］．经济研究，2018，53（6）：127－141.

［106］胡东滨，汪静，陈晓红．配额免费分配法下市场结构对碳交易市场运行效率的影响［J］．中国人口·资源与环境，2017，27（02）：52－59.

［107］胡珺，黄楠，沈洪涛．市场激励型环境规制可以推动企业技术创新吗：基于中国碳排放权交易机制的自然实验［J］．金融研究，2020，475（01）：175－193.

［108］胡燕京，赵领娣．我国加入世贸组织后环保对策措施［J］．中国软科学，2000，5：67－70.

［109］黄先海，杨高举．中国高技术产业的国际分工地位研究：基于非竞争型投入占用产出模型的跨国分析［J］．世界经济，2010，33（05）：82－100.

［110］黄向岚，张训常，刘晔．我国碳交易政策实现环境红利了吗？［J］．经济评论，2018，6：1－14.

［111］江小涓．我国出口商品结构的决定因素和变化趋势［J］．经济

研究，2007，42（5）：13－26.

［112］金祥义，戴金平．有效信息披露与企业出口表现［J］．世界经济，2019，42（05）：99－122.

［113］康志勇，汤学良，刘馨．环境规制、企业创新与中国企业出口研究：基于“波特假说”的再检验［J］．国际贸易问题，2020，2：1－17.

［114］黎文靖，路晓燕．机构投资者关注企业的环境绩效吗：来自我国重污染行业上市公司的经验证据［J］．金融研究，2015，12：97－112.

［115］黎文靖，郑曼妮．实质性创新还是策略性创新：宏观产业政策对微观企业创新的影响［J］．经济研究，2016，4（51）：60－73.

［116］李冬琴．环境政策工具组合、环境技术创新与绩效［J］．科学学研究，2018，36（12）：2270－2279.

［117］李锴，齐绍洲，杨勇．异质性气候政策与出口低碳技术含量［J］．中南财经政法大学学报，2019，2：105－115＋137＋160.

［118］李锴，齐绍洲．碳减排政策与工业结构低碳升级［J］．暨南学报（哲学社会科学版），2020，42（12）：102－116.

［119］李小平，余东升，余娟娟．异质性环境规制对碳生产率的空间溢出效应：基于空间杜宾模型［J］．中国软科学，2020，352（04）：87－101.

［120］李长青，吕小锋，吴钢．研发投入、融资约束与出口绿色技术含量［J］．科研管理，2015，36（8）：28－35.

［121］林坦，宁俊飞．基于零和 DEA 模型的欧盟国家碳排放权分配效率研究［J］．数量经济技术经济研究，2021，3：36－50.

［122］刘海英，王钰，刘松灵．命令控制与碳排放权可交易环境政策模拟下的减排效应［J］．吉林大学社会科学学报，2017，57（02）：57－67＋205.

［123］刘海英，王钰．用能权与碳排放权可交易政策组合下的经济红利效应［J］．中国人口·资源与环境，2019，29（05）：1－10.

［124］刘晔，张训常．碳排放交易制度与企业研发创新：基于三重差分模型的实证研究［J］．经济科学，2017（3）：102－114.

［125］刘娟，曹杰，郑方．OFDI 有助于企业资本配置效率提升吗［J］．国际贸易问题，2020，12：117－134.

［126］ 刘维林，李兰冰，刘玉海．全球价值链嵌入对中国出口技术复杂度的影响［J］．中国工业经济，2014，6：13－29.

［127］ 刘英基．制造业国际竞争力提升的绿色技术进步驱动效应：基于中国制造业行业面板数据的实证分析［J］．河南师范大学学报（哲学社会科学版），2019，46（05）：46－52.

［128］ 刘宇，温丹辉，王毅，等．天津碳交易试点的经济环境影响评估研究：基于中国多区域一般均衡模型 $TermCO_2$［J］．气候变化研究进展，2016，12（6）：561－570.

［129］ 毛海欧，刘海云．中国 OFDI 如何影响出口技术含量：基于世界投入产出数据的研究［J］．数量经济技术经济研究，2018，7：97－113.

［130］ 莫建雷，段宏波，范英，等．《巴黎协定》中我国能源和气候政策目标：综合评估与政策选择［J］．经济研究，2018，53（09）：168－181.

［131］ 倪红福．中国出口技术含量动态变迁及国际比较［J］．经济研究，2017，1：46－59.

［132］ 裴长洪，刘洪愧．中国怎样迈向贸易强国：一个新的分析思路［J］．经济研究，2017，52（5）：1－18.

［133］ 齐俊妍，王永进，施炳展，等．金融发展与出口技术复杂度［J］．世界经济，2011，000（007）：91－118.

［134］ 齐绍洲，林屾，崔静波．环境权益交易市场能否诱发绿色创新：基于我国上市公司绿色专利数据的证据［J］．经济研究，2018，53（12）：129－143.

［135］ 齐绍洲，徐佳．环境规制与制造业低碳国际竞争力：基于二十国集团“波特假说”的再检验［J］．武汉大学学报（哲学社会科学版），2018，71（01）：132－144.

［136］ 钱雪松，康瑾，唐英伦，等．产业政策、资本配置效率与企业全要素生产率：基于中国 2009 年十大产业振兴规划自然实验的经验研究［J］．中国工业经济，2018，8：42－59.

［137］ 任胜钢，郑晶晶，刘东华，等．排污权交易机制是否提高了企业全要素生产率：来自中国上市公司的证据［J］．中国工业经济，2019，5：5－23.

[138] 任松彦，戴瀚程，汪鹏，等．碳交易政策的经济影响：以广东省为例 [J]．气候变化研究进展，2015，11 (1)：61-67.

[139] 沈国兵，黄铄珺．外资进入与中国多产品企业出口技术含量 [J]．国际经贸探索，2020，36 (02)：4-22.

[140] 沈国兵，黄铄珺．行业生产网络中知识产权保护与中国企业出口技术含量 [J]．世界经济，2019，42 (09)：76-100.

[141] 沈洪涛，黄楠，刘浪．碳排放权交易的微观效果及机制研究 [J]．厦门大学学报：哲学社会科学版，2017，1：13-22.

[142] 盛斌，毛其淋．进口贸易自由化是否影响了中国制造业出口技术复杂度 [J]．世界经济，2017，40 (12)：52-75.

[143] 史丹，李少林．排污权交易制度与能源利用效率：对地级及以上城市的测度与实证 [J]．中国工业经济，2020，9：5-23.

[144] 宋德勇，朱文博，王班班．中国碳交易试点覆盖企业的微观实证：碳排放权交易、配额分配方法与企业绿色创新 [J]．中国人口·资源与环境，2021，31 (01)：37-47.

[145] 孙永平．中国碳市场的目标遵循、根本属性与实现逻辑 [J]．社会科学文摘，2021，2：45-47.

[146] 孙志娜．区际产业转移对中国出口技术复杂度的影响 [J]．科学学研究，2020，38 (09)：1587-1596.

[147] 谭静，张建华．碳交易机制倒逼产业结构升级了吗：基于合成控制法的分析 [J]．经济与管理研究，2018，39 (12)：104-119.

[148] 汤铃，武佳倩，戴伟．碳交易机制对中国经济与环境的影响 [J]．系统工程学报，2014，29 (5)：701-712.

[149] 唐静，余乐芬，杨爽．基于低碳经济的中国制造业国际竞争力研究 [J]．宏观经济研究，2017 (04)：136-147.

[150] 陶锋，赵锦瑜，周浩．环境规制实现了绿色技术创新的“增量提质”吗：来自环保目标责任制的证据 [J]．中国工业经济，2021，2：136-154.

[151] 佟家栋，冯祥玉．中国产业部门的低碳贸易竞争力指数测度与评估 [J]．经济学家，2022，3：43-53.

[152] 王班班，齐绍洲．市场型和命令型政策工具的节能减排技术创新效应：基于中国工业行业专利数据的实证 [J]．中国工业经济，2016，6：91－108.

[153] 王杰，刘斌．环境规制与中国企业出口表现 [J]．世界经济文汇，2016，1：68－86.

[154] 王为东，王冬，卢娜．中国碳排放权交易促进低碳技术创新机制的研究 [J]．中国人口·资源与环境，2018，30：41－48.

[155] 王小鲁，樊纲，胡李鹏．中国分省份市场化指数报告（2018）[R]．北京：社会科学文献出版社，2019.

[156] 王馨，王营．绿色信贷政策增进绿色创新研究 [J]．管理世界，2021，37（06）：173－188.

[157] 王永进，盛丹，施炳展，等．基础设施如何提升了出口技术复杂度？[J]．经济研究，2010，045（007）：103－115.

[158] 王勇，王丁玉，陈彦汝．不同配额分配方式对中国碳交易市场运行的影响：基于流动性、波动性与有效性视角的考察 [J]．资源科学，2021，43（12）：2503－2513.

[159] 魏玮，曹景林．产业升级视角下绿色信贷与环保财政政策协同效应研究 [J]．科技进步与对策，2019，36（12）：21－27.

[160] 吴非，杜金岷，李华民．财政科技投入、地方政府行为与区域创新异质性 [J]．财政研究，2017，11：60－74.

[161] 肖晓军，陈志鹏．环境规制对出口商品技术复杂度的影响效应及其约束条件：基于我国省际面板数据的门槛回归分析 [J]．财经论丛，2019，10：104－112.

[162] 徐佳，崔静波．低碳城市和企业绿色技术创新 [J]．中国工业经济，2020，12：178－196.

[163] 杨浩，陈暄，汪寒．创业型企业高管团队教育背景与企业绩效关系研究 [J]．科研管理，2015，36：216－223.

[164] 杨连星，张秀敏，王孝松．反倾销如何影响了出口技术复杂度？[J]．中国经济问题，2017，3：64－75.

[165] 杨汝岱，姚洋．有限赶超和大国经济发展 [J]．国际经济评

论，2006，4：16－19.

［166］姚洋，张晔．中国出口品国内技术含量升级的动态研究：来自全国及江苏省、广东省的证据［J］．中国社会科学，2008，2：67－82.

［167］易兰，李朝鹏，杨历，等．中国7大碳交易试点发育度对比研究［J］．中国人口·资源与环境，2018，28（02）：134－140.

［168］殷宝庆，肖文，刘洋．贸易便利化影响了出口技术复杂度吗：基于2002—2014年省级面板样本的检验［J］．科学学与科学技术管理，2016，37（12）：73－81.

［169］于金，李楠．高管激励、环境规制与技术创新［J］．财经论丛，2016，8：105－113.

［170］于津平，邓娟．垂直专业化、出口技术含量与全球价值链分工地位［J］．世界经济与政治论坛，2014，2：44－62.

［171］余娟娟．环境规制对行业出口技术复杂度的调整效应［J］．中国人口·资源与环境，2015，25（008）：125－134.

［172］张成，史丹，李鹏飞．中国实施省际碳排放权交易的潜在成效［J］．财贸经济，2017，2：93－108.

［173］张国兴，高秀林，汪应洛，等．我国节能减排政策协同的有效性研究：1997—2011［J］．管理评论，2015，027（012）：3－17.

［174］张杰，郑文平．创新追赶战略抑制了中国专利质量么？［J］．经济研究，2018，53（5）：28－41.

［175］张三峰，卜茂亮．环境规制、环保投入与中国企业生产率：基于中国企业问卷数据的实证研究［J］．南开经济研究，2011，000（002）：129－146.

［176］张天顶，吕金秋．汇率贬值是否影响了我国上市公司出口？［J］．世界经济研究，2018，8：13－35.

［177］张小蒂，李晓钟．我国出口商品结构变化的实证分析［J］．数量经济技术经济研究，2002，19（8）：109－112.

［178］赵领娣，胡燕京，袁泉．大力提升我国企业绿色国际竞争力的有效对策［J］．科学学与科学技术管理，2001，10：57－59.

［179］郑义，戴永务，刘燕娜．低碳贸易竞争力指数的构建及中国实

证［J］．国际贸易问题，2015，1：145－155.

［180］郑玉，郑江淮．贸易成本如何影响我国出口技术含量？［J］．经济评论，2020，4：111－127.

［181］周晨吕．基于CGE模型的上海市碳排放交易的环境经济影响分析［J］．气候变化研究进展，2015，11（2）：144－152.